AMANUENSE

Rinkichi

UMA HISTÓRIA DA IMIGRAÇÃO JAPONESA

MAURICIO CARDOSO

Rinkichi

UMA HISTÓRIA DA IMIGRAÇÃO JAPONESA

2ª EDIÇÃO
SÃO PAULO • 2020

AMANUENSE

Edição: Rodrigo Haidar
Preparação: Rafael Baliardo
Revisão: Fernanda Campos
Pesquisa: Daniel Taquiguthi Ribeiro
Fotos: Acervo familiar
Capa, projeto gráfico e diagramação: Luciana Huber
Imagem de capa: Navio Kasato Maru - arquivo do Museu Histórico da Imigração Japonesa no Brasil; Ideograma - Takiguchi Rinkichi, em kanji.

Dados Internacionais de Catalogação na Publicação (CIP)

C268 Cardoso, Mauricio
Rinkichi: uma história da imigração japonesa /
Mauricio Cardoso. –. 2ª ed. -. São Paulo: Amanuense, 2019.
184 p.

ISBN: 978-65-80788-00-2

1. Imigração japonesa - Brasil. 2. Japoneses – Brasil - História. 3. Imigração japonesa – Araçatuba (SP) I. Título.

CDD: 325.250981

Ficha catalográfica elaborada por Juliana Takahashi – CRB-8/4714

AMANUENSE

Amanuense Livros Ltda.
Rua Nilo 241, Sala 02 – CEP 01533-010 São Paulo SP
contato@amanuense.com.br
www.amanuense.com.br

Para Tadashi, a referência
mais viva dos Takiguchi.

Para Alice, Maíra,
Isadora, Daniel e Júlia,
a parte que mais me toca
no império dos Takiguchi.

Sumário

Prefácio à segunda edição

A tradição literária mundial reserva o gênero das biografias à trajetória de figuras notáveis, que deixaram sua marca na história, o que é natural e compreensível. Existe, porém, um fenômeno social humano em que o heroísmo é praticado por pessoas comuns, que não entraram para os registros da história. Trata-se da imigração em massa, que remonta aos tempos bíblicos e chega aos nossos dias de forma dramática quando não trágica.

Um episódio desta saga milenar foi vivido por cidadãos japoneses a partir do final do século 19. Expulsos de casa em virtude da concentração de terras produtivas em seu país de origem e das demais consequências da modernização do Império japonês, o Brasil tornou-se o destino de milhares de homens e mulheres em busca de chances mais dignas de sobrevivência. Não tardou, contudo, para que os imigrantes transferidos primeiramente para os cafezais paulistas, a partir de 1908, descobrissem que seu caminho de provas e sofrimento seguiria bastante parecido com o que experimentaram até ali, mas, agora, longe de casa, em uma terra bastante estranha.

Fruto desta experiência auspiciosa e cruel ao mesmo tempo, mais de um milhão de brasileiros de ascendência japonesa formam, hoje, a maior comunidade nipônica fora do Japão e são parte da paisagem social e cultural de nosso país. Ler sobre a vida de Rinkichi Takiguchi (1890-1966) é compreender como isso ocorreu e o custo humano dessa história.

Os imigrantes japoneses desembarcaram em um país agrário que se adaptava ao esgotamento do modelo de 350 anos de exploração econômica da escravidão de africanos. O abismo cultural e linguístico parecia intransponível. Além de faltar com muitas das garantias dadas a esses imigrantes, a política de Estado do Império do Japão, que incentivava a imigração, e da nova República brasileira, que os recebia, não tinha qualquer estratégia ou resposta às imensas dificuldades de adaptação e sobrevivência impostas a esses pioneiros.

O Brasil é carente de mitos e símbolos nacionais porque não temos a tradição de olhar para o passado em busca de referências. Histórias como a de Rinkichi servem, em seu sentido mais profundo, para nos lembrar quem somos. Os vínculos do Brasil com o Japão se fundam com os ciclos de imigração a partir do século 19, mas remontam também a nosso próprio passado colonial. Foi o explorador português Fernão Mendes Pinto um dos primeiros ocidentais a colocar os pés no arquipélago japonês. E, apesar da presença lusitana, os jesuítas não conseguiriam consolidar seu projeto de evangelização naquelas terras da forma como o fizeram do outro lado do mundo, deixando marcas indeléveis na formação das Américas.

Do início do século 20 aos dias de hoje, o Japão experimentou uma das mais singulares transformações da história contemporânea, partindo da rigidez de um modelo feudal e do isolamento (atravessando guerras e a ingerência do Ocidente) até se tornar uma das nações de ponta do capitalismo mundial. O Brasil, por sua vez, é uma das maiores e mais desiguais economias do planeta e um país cuja vocação parece viver permanentemente à sombra da promessa de realização de sua importância no futuro. É por trás dessa história com H maiúsculo que há justamente vidas como a de Rinkichi, que, ao enganar e derrotar o fracasso, acabam inventando nações.

A primeira versão de Rinkichi foi publicada em 2013 pela ConJur Editorial, selo responsável por títulos de Direito e Justiça e vinculado ao mais tradicional portal de notícias jurídicas do Brasil, o site Consultor Jurídico, do qual o autor é diretor executivo. Casado há mais de quatro décadas com a adorável Alice, uma das netas de Rinkichi, o jornalista Maurício Cardoso teve acesso aos diários deste pioneiro e escreveu seu perfil biográfico em homenagem ao centenário de sua chegada ao Brasil.

Com a obra abrigada, portanto, em um selo especializado em Justiça, os editores da **Amanuense Livros** concluíram que a história de resiliência e coragem de um vendedor de tecidos natural de uma vila da província de Hiroshima merecia enfim uma nova edição, revista e atualizada, para alcançar um público mais amplo.

É este o livro que o leitor tem nas mãos e que, esperamos, seja uma leitura informativa e prazerosa.

Os editores

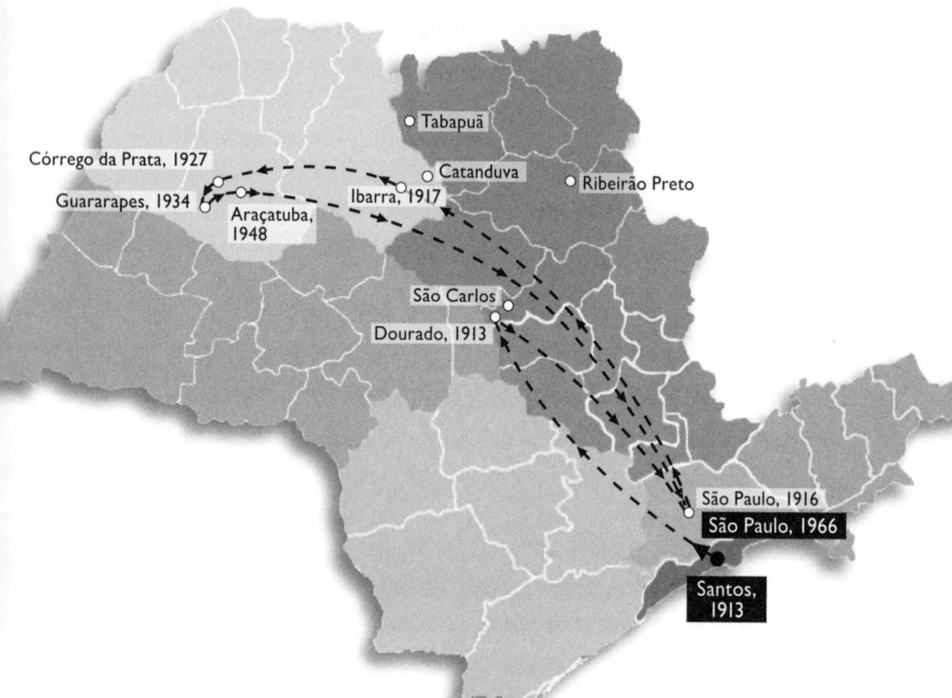
Tabapuã
Córrego da Prata, 1927
Catanduva
Ribeirão Preto
Ibarra, 1917
Guararapes, 1934
Araçatuba, 1948
São Carlos
Dourado, 1913
São Paulo, 1916
São Paulo, 1966
Santos, 1913

Apresentação

Este livro foi escrito em homenagem à chegada ao Brasil de Rinkichi Takiguchi e de outros 250 mil japoneses que migraram para o país em um intervalo de 65 anos – entre 1908 e 1973. Vindo na terceira leva da imigração japonesa, Rinkichi repetiu o roteiro que os retirantes orientais traçaram involuntariamente para suas vidas ao lançarem-se ao mar em busca do desconhecido. O sonho de fazer fortuna em pouco tempo na terra que, como lhe haviam prometido antes da partida, "dava dinheiro em árvore", e regressar ao Japão para aplicar os ganhos na construção de uma nova vida, de pronto se revelou uma quimera. Não, não havia dinheiro em árvores e nem sonhos para sonhar: as pessoas eram hostis; o ambiente, inóspito; o clima, desconfortável; o trabalho, degradante; a língua, incompreensível; a comida, intragável. Tantas e tão grandes foram as dificuldades encontradas que, em sua agenda pessoal, Rinkichi registrou como retumbante fracasso cada empreendimento que tentou para vencer na vida. O maior deles: o regresso impossível à terra natal.

Ledo engano. Desde que se estabeleceu no Brasil para trabalhar em condição análoga à de escravo, sua trajetória foi de contínua ascensão pessoal, social e econômica. Até mesmo a eventual frustração diante do impossível retorno à terra natal transformou-se no privilégio de se tornar um cidadão pleno de duas pátrias. "Este é o meu país", escreveu em seu diário quando selou sua permanência definitiva na terra que, para ele, poderia se chamar Nihonjiru – uma mistura de Nihon (Japão) com Burajiru (Brasil). O frágil asiático que desembarcou no porto de Santos com uma mão atrás e outra na frente, plantou muitas lavouras no campo e chegou a ser um pequeno empresário urbano de classe média. Só não se tornou um grande proprietário de terras em Mato Grosso por opção pessoal. Ao fim da vida, pôde desfrutar uma velhice tranquila e confortável. Mais do que isso, deixou como legado uma família, que conta com uma centena de integrantes, a quase totalidade dona de diploma universitário e muito bem-posta na vida. É essa a história que este livro conta.

Ingressei na família Takiguchi em 1976, ao me casar com Alice Kiyoko, uma dentre os 22 netos de Rinkichi. Fazia, então, 14 anos que ele havia morrido, o que significa que não o conheci pessoalmente. Tive o privilégio de conhecer sua esposa, Shizuyo, que o acompanhou na conquista do novo mundo e que morreu em 1984, aos 94 anos de idade. Ao longo de minha convivência com os Takiguchi, a presença do ojiji (avô) foi constante e marcante. A figura do patriarca austero, sábio e muito rigoroso paira ainda hoje sobre atos, fatos e ideias da família. Mais do que uma inspiração, Rinkichi é a referência dos princípios e valores que norteiam a vida de seus descendentes.

O Rinkichi que passei a conhecer a partir das pesquisas que fiz para escrever sua biografia é ainda melhor do que a imagem que eu tinha dele antes. Ao sábio patriarca que ditava as regras familiares, se soma a figura de um homem exuberante, culto, amante das artes e com gosto para desfrutar as coisas boas da vida. Foi possível construir esse novo retrato, com cores mais vivas e não menos reais, a partir das várias entrevistas que fiz com as pessoas que o conheceram e dos vários textos deixados por ele. São preciosos os Diários que ele escreveu ao longo dos anos e dos quais foi possível resgatar os volumes produzidos entre 1957 e 1962. Outro texto valioso foi escrito por Shoji Takiguthi, o filho mais velho de Rinkichi no Brasil, que o sucedeu como patriarca da família. De forma sucinta e com estilo literário inimaginável para alguém que arranhava o português sem grande fluência, Shoji resume com maestria a história dos Takiguchi. Esse texto, junto com trechos dos diários e anotações de Rinkichi, estão transcritos na parte final do livro.

A história de Rinkichi é parte menor da grande história da imigração japonesa para o Brasil, razão pela qual me debrucei na leitura da vasta literatura existente sobre o assunto. Dentre os muitos autores que se tornaram fonte de informação para mim, e que estão listados ao fim desta obra, devo destacar: José Yamashiro, Tomoo Handa, Jorge Okubaro e Célia Sakurai. Além do episódio da imigração, especificamente, eles contribuíram para que eu pudesse conhecer e compreender melhor a rica cultura e a milenar história do Japão. Para entender a fixação e evolução da comunidade nikkei no Brasil, foi fundamental a leitura de *Resistência e Integração: 100 anos de imigração japonesa no Brasil*, organizado por Célia Sakurai e Magda Prates Coelho e publicado pelo IBGE.

Os fatos aqui narrados pretendem ser fiéis à realidade dos acontecimentos, de acordo com a versão contada pelas pessoas que os presenciaram ou ouviram contar. Infelizmente, são muito escassas as informações disponíveis do período de 23 anos em que Rinkichi viveu no Japão. No caso de alguns episódios vividos, e sobre os quais não conseguimos maiores detalhes, acabamos por fazer a descrição que outros autores de estudos e obras sobre a imigração japonesa no Brasil fizeram de situações semelhantes.

Cabe aqui explicar a metodologia usada na grafia de nomes próprios em japonês, levando em conta a dificuldade natural que existe para a transposição de uma palavra de um alfabeto para outro. Nesse caso específico, temos de considerar ainda a discricionariedade de tabeliães do registro civil, de diferentes épocas e diferentes localidades, que resolveram grafar esses nomes de acordo com o que seus interlocutores conseguiam pronunciar e que seus ouvidos conseguiam captar.

Assim, o sobrenome Takiguchi foi registrado com pelo menos oito grafias diferentes: Takiguchi, Takiguti, Takiguthi, Taquiguti, Taqiguti, Taquiguthi, Takigutsi e Tacakiguthi. Por esse motivo, o leitor encontrará o sobrenome dos familiares de Rinkichi escrito de formas diferentes ao longo do texto. Da mesma forma, foram inventados nomes que nunca existiram em japonês: Ciosi, Takeci e Tuioci foram grafias que saíram da mente fértil ou do ouvido precário do tabelião de Tabapuã (SP), que fez o registro dos três filhos de Rinkichi, no início dos anos 1920. Na verdade, os nomes que se pretendia registrar eram, respectivamente, Shoji, Takeshi e Tsuyoshi. Há quem sustente que essa tradução liberal de nomes próprios, eliminando sons pouco familiares à fonética portuguesa, como /ts/ e /sh/, fez parte do esforço de integração dos japoneses à sociedade brasileira. É um ponto de vista interessante.

Yoneko Toma, Hajime Kato e Carlos Iwao Taquiguthi se encarregaram da tradução dos textos escritos por Rinkichi. Carlos, como já dito, é neto de Rinkichi, nascido no Brasil. Yoneko e Hajime são imigrantes japoneses; ela ainda radicada no Brasil e ele regressado ao país natal. Enfrentaram a difícil tarefa de transpor, de idiomas tão distintos como o japonês e o português, textos escritos em uma linguagem de quase um século atrás.

Dificuldade adicional os dois suportaram para colocar em português os versos deixados por Rinkichi. Os *haikais*, ou *haikus*, como são chamados esses minipoemas, são textos poéticos extremamente concisos, escritos em uma linha vertical com três versos numa sequência métrica de cinco, sete e cinco sílabas. O crítico literário Afrânio Peixoto assim definiu o haikai, no prefácio do livro Trovas Populares Brasileiras, em 1919:

> Os japoneses possuem uma forma elementar de arte, mais simples ainda que a nossa trova popular: é o *haikai*, palavra que nós ocidentais não sabemos traduzir senão com ênfase, é o epigrama lírico. São tercetos breves, versos de cinco, sete e cinco pés, ao todo, dezessete sílabas. Nesses moldes vazam, entretanto, emoções, imagens, comparações, sugestões, suspiros, desejos, sonhos... de encanto intraduzível.

Traduzir toda essa carga de sentimentos, que vem embalada na riqueza dos ideogramas, é tarefa quase impossível. Daí a necessidade de deixar de lado toda a preocupação com a métrica para preservar, da maneira mais fiel, o conteúdo. Nossos tradutores se saíram muito bem diante de tal desafio.

Neste livro, para efeito de padronização, usamos as regras de transliteração do japonês para o alfabeto ocidental, utilizando as normas do sistema de romanização Hepburn, que tem como base o idioma e a fonética inglesa. Esta foi a norma usada na primeira vez em que o nome de nosso herói foi grafado no alfabeto latino, ao desembarcar do navio Daini Unkai Maru no porto de Santos, em 1913: Rinkichi Takiguchi. Assim, no correr da narrativa deste livro, fizemos a uniformização dos nomes seguindo essas regras. Nas notas de rodapé e em outras alusões, como na montagem da árvore genealógica da família, conservamos a grafia oficial de cada nome, tal qual consta no registro civil.

Toda a riqueza da escrita japonesa, com seus atuais 2.136 ideogramas, não tem uma correspondência sonora. Escrever japonês implica uma complexidade muito maior do que falar japonês, que mesmo assim tem uma sonoridade bem diversa do português, com peculiaridades sofisticadas, como o prolongamento das vogais e colocação de acento tonal nas palavras, que varia de acordo com sua disposição na frase. A título de exemplo, segue uma lista de grafemas japoneses e sua correspondência sonora em português – ou vice-versa:

BR O idioma japonês não suporta o som do encontro consonantal (duas consoantes seguidas de uma vogal), como "bra" ou "pla". Assim, *Brasil*, em japonês, virou *Burajiru*.

CH Corresponde ao som "tch", como em "tchê". Exemplo: *Takiguchi* se pronuncia *Takigutchi*.

H Corresponde ao som de "r" aspirado, como nas palavras "rico" e "carro". Exemplo: *Nihon* (Japão) pronuncia-se *Nirrón*.

J Corresponde ao som "dji". Exemplo: a palavra *ojiji* (avô) deve ser lida *odjidji*.

L O "l", tanto seguido de vogal como isoladamente, se transforma em "r". Assim, *Daniel* soa como *Danieru* e *Amélia*, *Améria*.

R Corresponde ao som de "r", como soa nas palavras "cara" e "furado". Exemplo: *Rinkichi*. Não existe o som do arquifonema "r" quando não seguido de vogal. Exemplo: *carta* pronuncia-se *cáruta*.

S Soa sempre como se fosse "ç" ou "ss", como em "caça" ou "assalto". Exemplo: *sashimi*, *Asakuza*.

SH Corresponde ao "ch" de "chave" ou ao "x" de "xícara". Exemplo: *Hiroshima*.

Z Corresponde ao "z" de "zebra" ou de "casa". Exemplo: *Asakuza*.

Finalmente, devo dizer que esta obra não tem nenhuma pretensão acadêmica ou literária. Por força do ofício que exerço há mais de 40 anos, procurei fazer uma reportagem sobre uma boa história que merece ser contada. Os méritos desse trabalho são das pessoas que me induziram e me abasteceram de informações valiosas. Os defeitos e os erros são involuntários, mas de minha inteira responsabilidade. Escrever esse livro me proporcionou uma grande satisfação pessoal. Espero que a leitura dele faça o mesmo com as pessoas que se aventurarem pelas páginas que seguem.

Mauricio Cardoso

Rinkichi e Shizuyo com o primogênito Ichiro

1ª PARTE

A história

Rinkichi e Shizuyo com os filhos brasileiros Tomoko, Takeshi e Shoji

Boas oportunidades
surgem sempre.
Só é preciso
aproveitá-las.

Rinkichi Takiguchi – *Diários*, 1962

CAPÍTULO 1

A partida

(1890-1913)

Ao subir a bordo do navio Daini Unkai Maru, no dia 5 de março de 1913, no porto de Kobe, no Japão, Rinkichi Takiguchi corria atrás da oportunidade que batera à sua porta. Viajava para o Brasil, disposto a pegar no pesado por cinco anos, ganhar muito dinheiro e dar um novo rumo à vida, até então sofrida e sem perspectivas. Vítima das mesmas circunstâncias, Rinkichi tomou então a decisão que milhares de japoneses haviam tomado antes dele e que outros muitos milhares haveriam de tomar depois. Entre 1908, ano em que o navio Kasato Maru trouxe a primeira leva de 781 imigrantes japoneses, e 1973, quando o Nippon Maru deixou os últimos 285 japoneses em Santos (a partir dessa data a viagem passou a ser feita de avião e o fluxo migratório praticamente extinguiu-se), cerca de 250 mil súditos do Império do Sol Nascente[1] desembarcaram nos portos brasileiros com o mesmo propósito: trabalhar, enriquecer e voltar. Poucos cumpriram o plano, mas a maioria transformou a aventura numa caminhada de longo percurso. E deu certo. Em vez de um pé-de-meia, ganhou um projeto de vida.

As circunstâncias que levaram Rinkichi a atravessar o planeta e viajar para o lugar mais distante possível na Terra se deram dentro de um contexto de forte expansão do capitalismo global.

1 Cf. SAKURAI, Célia; COELHO, Magda Prates. *Resistência e Integração*: 100 anos de imigração japonesa no Brasil. Rio de janeiro: IBGE, 2008. Resta observar que este número é idêntico ao de descendentes de japoneses radicados ao Brasil que retornaram ao Japão entre o final dos anos 1980 e meados de 2000, como *dekasseguis*.

Com o seu núcleo nos países europeus, principalmente a Inglaterra, a superpotência mundial do século 19, e os Estados Unidos, a potência emergente da época, a expansão da economia capitalista teve efeitos nos locais tanto de origem quanto de destino da trajetória de Rinkichi rumo a um futuro melhor.

Em 1853, após séculos de isolamento, o Japão foi forçado pelas potências capitalistas a abrir sua economia para o exterior. No comando de uma esquadra de guerra ancorada na baía de Tóquio, o Comodoro americano Matthew Perry exigiu das autoridades locais a abertura dos portos japoneses. No final do século 12, depois de um período conturbado por guerras internas entre chefes militares e senhores da terra, o Japão adotou o xogunato, um sistema de governo em que o imperador figurava como o legítimo governante, mas na prática cedia o poder para governar ao xogum, o chefe militar que se impunha aos seus pares. O xogum detinha toda autoridade civil, militar, diplomática e judiciária. No momento em que os Estados Unidos exigiram, com suas canhoneiras, que os japoneses entrassem no comércio global, uma nova realidade já vinha se desenhando em substituição à estrutura feudal prevalecente nos séculos anteriores. O longo período de paz durante o xogunato Tokugawa (1603-1868) propiciou o desenvolvimento das manufaturas e deu aos comerciantes mais espaço e melhores condições para expandir suas atividades. Por outro lado, o fim das guerras internas deixou em segundo plano a figura dos samurais, que haviam desempenhado papel decisivo em outras épocas. Em 1868, o xogum Yoshinobu foi destituído de seus poderes, que voltaram a ser exercidos pelo imperador Matsu-Hito Meiji. O imperador, a figura mais representativa do passado mítico do Japão, deixava a posição decorativa que havia ocupado durante o xogunato e tomava o poder nas próprias mãos para, paradoxalmente, empreender um radical programa de modernização do país. A reconfiguração política, as mudanças internas, bem como a pressão externa para o país se abrir economicamente, resultaram no ciclo de reformas e modernização que ficou conhecido como Restauração Meiji. O Japão entrava, então, em uma nova era de civilização.

Da noite para o dia, o país feudal e agrário despertou "moderno" e urbano. Por decreto, foram extintos feudos, samurais e xoguns. Em seu lugar, foram criadas instituições econômicas e políticas. Surgiram bancos e grupos empresariais e formou-se um governo nos moldes do mundo capitalista, com ministérios e uma burocracia de Estado. Ao ver que países asiáticos vinham sendo tragados por outros mais poderosos, o Japão decidiu se tornar um deles. E se transformou numa nação capitalista, copiando o que vinha de fora, observando, imitando e aperfeiçoando de forma metódica a política, a economia, a educação e as forças armadas das potências ocidentais.

A transição para a modernidade proposta pela Restauração Meiji foi conturbada e difícil, principalmente para aqueles que se encontravam na base da pirâmide social. Apesar de os camponeses sempre terem sido fortemente explorados pelos senhores feudais, eles contavam com sua proteção. Com o fim das antigas instituições, as camadas mais pobres da população perderam a proteção e se viram obrigadas a conquistar seu lugar no competitivo sistema político e econômico que se estabeleceu.

Em 20 anos, a modernização Meiji revolucionou o país, propiciando oportunidades para a aristocracia, que ocupou os cargos mais elevados na nova estrutura político-governamental, e para uma emergente burguesia, que enriqueceu com os métodos industriais e financeiros importados do Ocidente. Mas a nova ordem, que enfatizava a industrialização da economia, provocou um movimento que deixou na rua da amargura a grande massa de trabalhadores, até então voltada para as atividades rurais. Sem a salvaguarda dos antigos senhores feudais, que garantiam a produção de suas lavouras, os trabalhadores foram forçados a procurar na cidade o próprio sustento. Os que não conseguiram migrar para o norte, onde ainda havia oportunidades no campo, aumentaram as estatísticas do desemprego. A saída, incentivada pelo próprio governo, foi a emigração. Já em 1883, a primeira leva de emigrantes japoneses chegou à Austrália e o fluxo não mais parou, mudando apenas o destino: Havaí, Estados Unidos, Canadá, Peru. E, finalmente, Brasil.[2]

Nessa mesma época, as transformações geopolíticas globais interferiam de forma determinante na história do Brasil. Diante de fortes pressões externas, principalmente da Inglaterra, para se inserir no moderno mundo capitalista, o Brasil se viu forçado a abolir a escravidão. O governo e as elites produtoras brasileiras optaram por não empregar a mão de obra dos ex-escravos de origem africana. Já que eram obrigados a pagar salários, preferiram procurar em outras partes, que não a África, a força de trabalho para substituir os escravos. Em um primeiro momento, decidiu-se importar trabalhadores europeus, o que, além de suprir a carência de força de trabalho, atendia ao propósito adicional de "branquear" a raça brasileira. De 1884 a 1914, entraram no Brasil 750 mil trabalhadores vindos da Europa, especialmente de Portugal, Espanha e Itália. O número de ingressados superou em muito a necessidade de mão de obra dos barões do café, mas não resolveu o problema: os migrantes se rebelaram contra o tratamento a eles dispensado e logo se desviaram de seus destinos iniciais. Manteve-se, assim, o déficit de mão de obra nas fazendas de café. A contragosto, os fazendeiros voltaram suas atenções para a alternativa que lhes pareceu então mais vantajosa: o Japão.

Aos 23 anos de idade, casado há quatro anos com Shizuyo Irie e pai de Ichiro, Rinkichi sentia-se desanimado com a situação presente e com a falta de perspectivas para o futuro. Interrompera os estudos no quinto ano do ensino básico, segundo consta, por ter brigado com um colega enquanto jogavam tênis.[3] Empregara-se em uma loja de tecidos de Shinichi, a pequena vila do município de Fukuyama, província de Hiroshima, onde nascera em 1890. Já havia algum tempo que trabalhava na loja,

2 SAKURAI, Célia. *Os Japoneses*. São Paulo: Contexto, 2008. p. 125.
3 Ciosi Takiguti. *Depoimento Sobre a Família Takiguti*. São Paulo, 1996.

ficara prático no ramo de tecidos, mas não queria passar a vida toda como empregado. Em sua cabeça, alimentava o plano de abrir seu próprio negócio, mas para isso precisava de capital. E capital ele não tinha.[4] Artesão de baixa qualificação técnica, sobrava-lhe inteligência e inconformismo. Nas reuniões de família, incomodava-lhe o fato de ver a prosperidade dos parentes, enquanto ele próprio não conseguia avançar.[5]

O Brasil, um país do qual nunca ouvira falar e que até o nome – *Burajiru* – era difícil de pronunciar em japonês, surge, então, pela primeira vez em sua vida. Impactado pelos altos índices de desemprego e pela crise econômica, o governo japonês colocou em marcha uma campanha de propaganda e de incentivo à emigração.[6] Depois de tentar Havaí e Estados Unidos, a bola da vez, como destino dos emigrantes, era o Brasil. No dia 18 de junho de 1908, a primeira leva de imigrantes japoneses desembarcou no porto de Santos, depois de uma viagem de 52 dias a bordo do navio Kasato Maru.

Este primeiro passo da ponte marítima Japão-Brasil, que se estabeleceria então pelos próximos 65 anos, não foi dos mais animadores, mas fixou o ritual que seria seguido nas futuras viagens. O Kasato Maru partiu do porto de Kobe, na província de Hyogo, no dia 28 de abril de 1908. Trazia a bordo 781 pessoas de dez províncias japonesas diferentes, a maioria de Okinawa, a região mais isolada e mais pobre do Japão. Chegou a Santos na tarde do dia 17 de junho, mas o desembarque só aconteceu no dia seguinte. Os fogos de artifício e foguetes que os viajantes viram e escutaram não eram uma manifestação de boas-vindas, mas tão somente uma antecipação da festa de São João que se aproximava.

A viagem para o Brasil começava na Hospedaria do Emigrante, em Kobe, onde os viajantes eram reunidos e devidamente

4 Ibid.
5 Tomoko Kosaka. Depoimento ao autor. São Paulo, 2011.
6 Ciosi Takiguti, op. cit.

preparados para a longa jornada. Aí eram submetidos a exames médicos e dentários, conferiam a documentação e recebiam as vacinas de praxe. A viagem durava cerca de dois meses de puro tédio e raro conforto. Os navios saíam de Kobe em direção a Singapura, onde faziam uma primeira parada. Depois seguiam em direção à África e faziam a segunda escala na cidade do Cabo, no extremo sul do continente africano. Daí cruzavam o Atlântico e iam direto para Santos. Para dissipar a monotonia e disfarçar a apreensão diante do desconhecido que os aguardava, os viajantes faziam festas a bordo, davam aulas para as crianças em idade escolar, faziam ginástica para desenferrujar as juntas e tentavam levar uma vida normal.

Mal desembarcavam no porto de Santos, eram recenseados e encaminhados de trem para a Pensão do Imigrante, que ficava no bairro do Brás, em São Paulo. Ali eram novamente submetidos a exames médicos, identificados e encaminhados às fazendas de café a que se destinavam. Os passageiros do Kasato Maru foram distribuídos em seis fazendas nos municípios de Ribeirão Preto, São Manoel, Sertãozinho, Indaiatuba e São Simão.

As condições de vida nas fazendas eram terríveis, como esses pioneiros descobriram ao chegar. O choque cultural, tremendo. Para os japoneses, vistos com desprezo pelos brasileiros, tudo era estranho: o clima, as pessoas, os costumes, a comida, a língua e até a roupa que eram obrigados a trajar. Como percebeu o fiscal da alfândega que recebeu o Kasato Maru em Santos, era notável o esforço dos orientais em usar as roupas dos ocidentais.

Nada, porém, se equiparava às condições de trabalho que os aguardavam. Os imigrantes, fossem eles europeus ou asiáticos, eram tratados como os escravos africanos, os quais eles vinham substituir. Nem salário recebiam. O dinheiro que lhes era devido pelo trabalho no cafezal mal dava para descontar as despesas que faziam no armazém da fazenda durante o mês. Desesperados, eles fugiam. Assim, não é de se estranhar que apenas 191 trabalhadores desembarcados no Kasato Maru permaneciam no

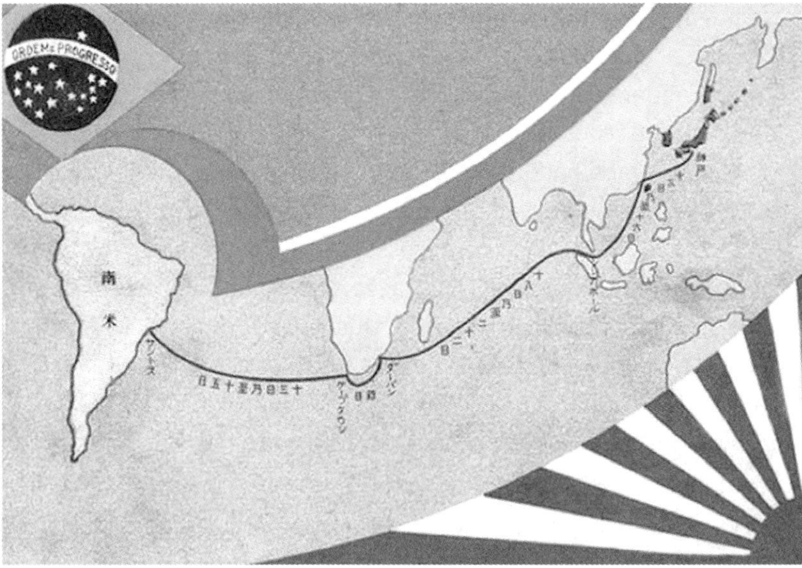

Fonte: Museu Histórico da Imigração Japonesa/Reprodução

seu primeiro emprego em setembro de 1909, pouco mais de um ano depois de sua chegada à fazenda.[7] E olha que a lealdade ao emprego e ao empregador é tida como uma virtude básica na formação moral dos japoneses.

Não era isso que Rinkichi escutava em Shinichi quando se animou a vir para o Brasil. A propaganda do governo e das empresas de emigração dizia maravilhas do novo mundo. O café, asseguravam os folhetos distribuídos pelas autoridades, era uma árvore que produzia ouro. A produtividade era tanta que os galhos se vergavam. Bastava esticar os braços e colher os frutos com a mão.

As agências de emigração, empresas privadas que tinham no tráfico de pessoas uma mina de dinheiro a ser explorada, faziam a seguinte conta para aliciar candidatos à grande aventura: uma pessoa podia colher até cinco sacas de café por dia, ganhando o equivalente a 50 sens (o centavo do yen) por saca colhida. Ao final

7 DAIGO, Masao. *Pequena História da Imigração Japonesa no Brasil*. São Paulo: Gráfica Paulos, 2008.

de um mês, a renda da família seria de 135 yens. Era uma fortuna. Um trabalhador rural no Japão ganhava 20 sens por dia, o que correspondia a um salário de 6 yens por mês. Uma professora do curso básico recebia 8 yens por mês e um policial, 10. E na terra do café, os trabalhadores ainda teriam casa para morar de graça.[8]

Brasil e Japão ataram relações diplomáticas e comerciais em 5 de novembro de 1895, com a assinatura, em Paris, do Tratado de Amizade, Comércio e Navegação. Desde então, começaram a chegar japoneses ao Brasil e tratativas foram entabuladas entre os dois países com o propósito de estabelecer um fluxo migratório regular. Em 1906, o diplomata japonês Fukashi Sugimura descrevia a necessidade de abrir novas frentes migratórias para o Japão:

> Proibida a entrada na Austrália, discriminados nos Estados Unidos, perseguidos no Canadá, limitados também no Havaí e ilhas do Pacífico, os nossos trabalhadores encontrarão no estado de São Paulo uma rara felicidade, um verdadeiro paraíso.[9]

Um ano depois, o governo de São Paulo, pela mão do Secretário da Agricultura Carlos Botelho, assinou um contrato com a Companhia Imperial de Imigração, com o propósito de introduzir 3 mil imigrantes japoneses, em caráter experimental, para trabalhar nas fazendas de café do estado. "O pensamento que levou este Secretário a propor-vos o ensaio desta nova fonte de imigração foi [...] a preocupação de fornecimento de braços para a lavoura cafeeira",[10] afirmou então Carlos Botelho, que era também médico e cafeicultor e a quem se deve a criação do Parque da Aclimação, na capital paulista.

---

8 YAMASHIRO, José; KIYOTANI, Masuji. Do Kasato Maru até a década de 1920. In: *Uma Epopeia Moderna*: 80 anos de Imigração Japonesa no Brasil. São Paulo: Hucitec, Sociedade Brasileira de Cultura Japonesa, 1992. p. 71.

9 NOGUEIRA, Arlinda Rocha. A abertura da emigração no Japão. In: *Uma Epopeia Moderna*: 80 anos de Imigração Japonesa no Brasil. São Paulo: Hucitec, Sociedade Brasileira de Cultura Japonesa, 1992. p. 52.

10 Relatório apresentado ao Dr. Jorge Tibiriçá, Presidente do Estado, pelo Dr. Carlos Botelho, Secretário da Agricultura, referente ao ano de 1901. São Paulo, Secretaria da Agricultura, 1908, p. 137 (apud NOGUEIRA, 1992, p. 55).

Ichiro, o primogênito dos Takiguchi, foi deixado no Japão e criado pela avó Tome

Exigia-se que as famílias que saíam do Japão com destino ao Brasil tivessem, no mínimo, três pessoas produtivas. Casais com filhos menores ou sem filhos, que pedissem para emigrar, não seriam atendidos, pois o propósito do tratado era trazer braços para a lavoura. Sozinho, Rinkichi não seria admitido, razão pela qual convidou o tio Yoichi Takiguchi, irmão mais novo de seu pai, para formarem um grupo familiar com os requisitos para embarcar. Formou-se assim uma família composta,

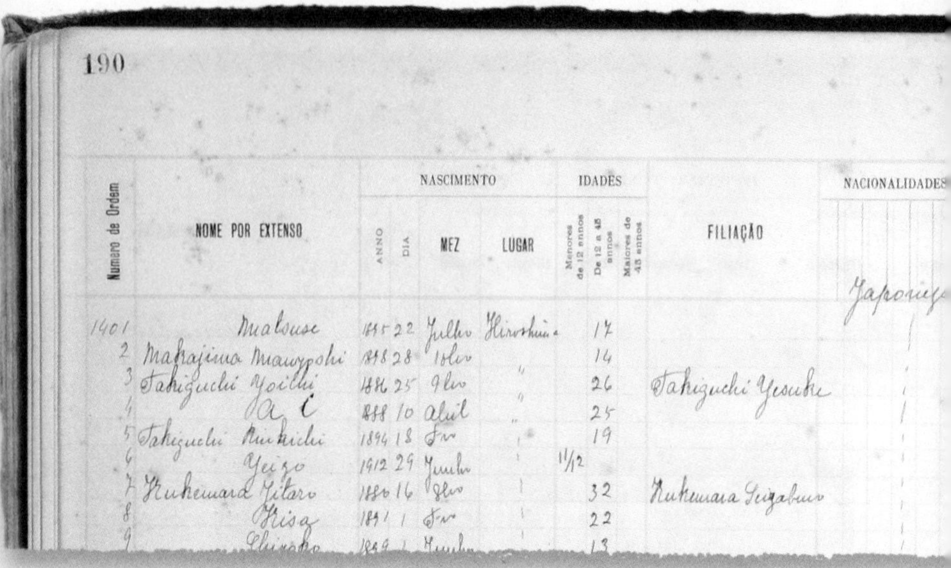

190

Numero de Ordem	NOME POR EXTENSO	NASCIMENTO ANNO	DIA	MEZ	LUGAR	IDADES Menores de 12 annos	De 12 a 45 annos	Maiores de 45 annos	FILIAÇÃO	NACIONALIDADES
1401	Matsuse	1885	22	Julho	Hiroshima		17			Japoneza
2	Nakajima Masayoshi	1888	28	Outubro	"		14			
3	Takiguchi Yoichi	1886	25	Novembro	"		26		Takiguchi Yosuke	
4	" Ai	1888	10	Abril	"		25			
5	Takiguchi Rinkichi	1894	18	Fevereiro	"		19			
6	" Yeizo	1912	29	Junho	"	11/12				
7	[illegible] Jitaro	1880	16	Novembro	"		32		[illegible]	
8	" Hisa	1891	1	Fevereiro	"		22			
9	[illegible]	1899	1	Junho	"		13			

Fonte: Museu Histórico da Imigração Japonesa/Reprodução.

Fragmento da página em que foi registrado o ingresso de Rinkichi *no Brasil. Seu nome é o quinto da lista*

artifício que os emigrantes usavam para se adaptar às exigências do contrato. Além do tio, completavam o grupo: Ai, sua tia, e Yeizo, seu sobrinho. Yoichi tinha 26 anos; Ai, 25; e Yeizo, 1 ano. Com Rinkichi, somavam-se, assim, três pares de braços aptos a plantar, cultivar e colher café. O plano era trabalhar no Brasil por um período de três a cinco anos e voltar para o Japão com bastante dinheiro[11]

Uma decisão não apenas arrojada, mas sofrida. Rinkichi deixava para trás, temporariamente, a mulher Shizuyo e, definitivamente, mesmo que ainda não soubesse, o filho Ichiro. Shizuyo se juntaria ao marido no Brasil no ano seguinte, mas o casal nunca mais tornaria a ver o filho, assim como nunca mais pisaria o solo sagrado de seus ancestrais. Ichiro, que ficou em Shinichi sob os cuidados de Tome, a mãe de Rinkichi, também jamais seguiria os

11 Ciosi Takiguti. *Depoimento Sobre a Família Takiguti*. São Paulo, 1996.

passos dos pais rumo ao Brasil. "Vou partir agora. É a última vez que vejo a minha terra", escreveria Rinkichi, em forma de poesia, 50 anos mais tarde, já totalmente integrado ao novo país, mas ainda saudoso de sua terra natal. "Estou longe dos meus pais que já não fazem parte deste mundo. Emigrei para esta terra. Não dá mais para voltar para a terra natal. Eu estou aqui preparando o *ihai*[12] deles".[13]

O abandono voluntário do primogênito atendia às tradições milenares da família japonesa. Cabia ao filho mais velho herdar e zelar pelos bens da família e guardar a memória e o túmulo dos antepassados.

A viagem do navio Daini Unkai Maru foi marcada para o início de março. A escolha da data não era aleatória. Os trabalhadores estariam, assim, chegando ao Brasil em fins de abril, a tempo de participar da colheita do café. Os preparativos eram mínimos, já que Rinkichi não tinha bens a delegar e nem pertences a carregar. A mulher ficava para trás porque o registro de casamento não fora regularizado em tempo. Era a quinta leva de imigrantes a viajar com destino ao Brasil, desde 1908. Naquele mesmo ano, outras três embarcações haveriam de repetir o trajeto do Unkai, trazendo, ao final, 6.847 novos trabalhadores japoneses para as fazendas de café do Brasil. Para Rinkichi Takiguchi e todos os seus descendentes, a sorte estava lançada. Uma nova vida estava começando.

12 *Ihai* é a placa votiva com o nome dos ancestrais que é colocada no *butsudan*, o pequeno altar presente na casa das famílias budistas.

13 Rinkichi Takiguchi. *Diários*. Tradução de Yoneko Toma e Hajime Kato. São Paulo, 1961-1962.

滝口林吉

Sou uma árvore,
e o tempo é inverno.
Estou sem folhas,
mas não estou morto.
Estou suportando
o rigor do inverno.
Todos enfrentam
o inverno com a
esperança da chegada
da primavera.
Não se desespere.
Virá a primavera.

Rinkichi Takiguchi. *Diários*.
Tradução de Yoneko Toma e Hajime Kato.
São Paulo, 1961-1962

CAPÍTULO 2

A chegada

(1913)

O Daini Unkai Maru atracou no porto de Santos no dia 7 de maio de 1913, com o jovem Rinkichi e mais 1.509 imigrantes dispostos a vencer na vida, a qualquer custo. A viagem durara 62 dias, dez a mais que o pioneiro Kasato Maru, que fizera o mesmo trajeto cinco anos antes, e bem menos do que os 85 dias que o Wakasa Maru gastaria cinco anos mais tarde. Esta viagem do Wakasa foi um dos mais trágicos percursos da rota marítima estabelecida entre os portos de Kobe, no Japão, e o de Santos, no Brasil, e que funcionou durante boa parte do século 20. Dos 1.800 passageiros que subiram a bordo do navio, em 25 de abril de 1918, apenas 1.747 desembarcaram em Santos. Os 53 que ficaram pelo caminho foram vítimas de uma epidemia de meningite que grassou entre os emigrantes, ainda nos primeiros dias da viagem. Como é de praxe, seus corpos foram jogados ao mar. Outros sete viajantes morreram no finalzinho da viagem, quando o navio já estava no porto de Santos, vítimas de uma intoxicação alimentar. Estes pelo menos receberam sepultura em terra.

O Daini Unkai Maru fez uma única viagem na rota de imigração Kobe-Santos. Como os demais navios da rota, era um cargueiro adaptado para transportar passageiros e que desempenhava a dupla função nessa viagem: vinha lotado de imigrantes e voltava carregado de café. Estes eram justamente os objetivos do tratado de cooperação entre os dois países: abastecer as fazendas paulistas de trabalhadores nipônicos e as mesas japonesas de café brasileiro. De onde se conclui que luxo e conforto não eram os principais atributos das embarcações. Os passageiros viajavam amontoados nos porões, dispondo, cada um, de um espaço de cerca de dois metros quadrados para se acomodar. A eles eram servidas três refeições ao dia de típica comida japonesa. As instalações sanitárias costumavam ser precárias e a água doce, tanto para a higiene pessoal quanto para a alimentação, era racionada.[14]

Gente modesta, de posses escassas, trazia bagagem reduzida, por recomendação expressa das autoridades: carregar pouco peso e pouco volume para que mais imigrantes pudessem viajar. Mas não eram miseráveis. A tralha de viagem dos japoneses chamou a atenção dos brasileiros que os receberam, pela sua limpeza e qualidade:

> "Não parece bagagem de gente pobre, contrastando flagrantemente com os baús de folha e trouxas dos nossos operários". Os japoneses eram imigrantes pobres, mas agiam com dignidade e educação. Trouxeram malas de vime, roupas e objetos simples, mas limpos ou novos. Pela descrição da bagagem no relatório, verifica-se que todos tinham poucas mas as mesmas coisas: escova e pó dental, pente e navalha de barba (itens de higiene pessoal que na época muitos imigrantes europeus e até mesmo brasileiros não tinham); futons (cobertores), makuras (travesseiros) de madeira e casacos (artigos têxteis caros para imigrantes); pequenas ferramentas, utensílios de cozinha e frasquinhos para shoyu (o molho de soja básico da culinária japonesa). A maioria trouxe livros, tinta e papel (coisas que eram considerados um "luxo" para trabalhadores braçais).[15]

Rinkichi e seu grupo familiar não se diferenciavam dos companheiros de viagem, embora conste que ele, por absoluta falta de meios para pagar os custos de viagem, possa ter trabalhado no navio como tripulante.[16] O que é certo é que aquela gente

14 OKUBARO, Jorge. O Súdito (Banzai, Massateru!). São Paulo: Terceiro Nome, 2006. p. 27.
15 Disponível em: <http://www.imigracaojaponesa.com.br/index.php/nossa-historia/historia-da-imigracao-parte-1/>. Acesso em: 22 de agosto de 2019.
16 Tomoko Kosaka. Depoimento ao autor. São Paulo, 2011.

não participava de um cruzeiro marítimo. Eram, sim, trabalhadores a caminho do trabalho nas lavouras de café do Brasil. Os passageiros do Daini Unkai Maru faziam parte, ainda, daquele primeiro contrato de imigração, negociado e assinado pelo Secretário da Agricultura de São Paulo, Carlos Botelho, e pela Companhia Imperial de Imigração.

Dos 1.509 passageiros, o maior contingente (443 pessoas) era de moradores da província de Fukuoka. De Kumamoto, vinham 429 imigrantes e de Hiroshima, a província natal de Rinkichi, outros 321. Havia ainda naturais de outras cinco províncias: Ehime, Hochi, Nagasaki e Fukui. De Yamaguchi havia um único passageiro. De Okinawa, a província japonesa que mais exportou gente para o Brasil, nenhum representante dessa vez.[17]

Do Brasil e dos brasileiros, eles sabiam somente o que dizia a propaganda oficial, que propositalmente aumentava as virtudes e diminuía os defeitos do destino que os aguardava do outro lado do mundo. O que os esperava ao fim daquela viagem também era uma incógnita. Rinkichi sabia apenas que iria trabalhar na agricultura, campo em que sua experiência, até então, era nula. Muitos anos mais tarde, ele haveria de creditar a esse fato boa parte de suas dificuldades na terra nova.

O Brasil de então olhava os orientais em geral, e os japoneses em particular, com extrema desconfiança: "São iguais aos pretos, só que amarelos", dizia-se com duplo preconceito. Mas faltavam braços na lavoura do café, o ouro negro que sustentava a economia nacional, para substituir os escravos africanos, definitivamente libertados desde 1888. Antes mesmo da abolição, o governo brasileiro tentara suprir a falta de mão de obra importando trabalhadores da Europa. Não deu certo. Mal-acostumados por séculos de escravatura, os senhores das fazendas continuavam a tratar os trabalhadores com a mesma brutalidade com que lidaram com os cativos. A peãozada esclarecida rebelou-se.

17 Disponível em: <http://www.museubunkyo.org.br/>. Acesso em: 22 de agosto de 2019.

Em razão das notícias que chegavam à Europa sobre os maus tratos infligidos aos imigrantes, países como França, Espanha e Itália proibiram, temporariamente, a emigração de seus cidadãos para o Brasil. Foi nesse contexto que a oferta de mão de obra asiática, farta neste momento, surgiu para preencher a lacuna.

Não sem um mal disfarçado constrangimento das elites locais. Em 1880, o escritor e político português Oliveira Martins proclamava que "a perigosa tentativa de ir buscar braços em outro viveiro de raças inferiores prolíficas embriaga muitos espíritos". Alertava para que o Brasil não se desviasse de seu destino como um "país europeu e não asiático, uma nação e não uma colônia, eis aí o porvir da antiga América portuguesa". Por volta de 1892, o *Correio Paulistano*, então um dos mais influentes jornais da capital, em artigos assinados pelo jornalista de origem espanhola Francisco Cepeda, vituperava: "Se a escória da Europa não nos convém, menos nos convém a da China ou do Japão". Com torpe ironia, acrescentava: "O chim é bom, obediente, ganha pouco, trabalha muito, apanha quando é necessário, e quando tem saudades da pátria enforca-se ou vai embora".[18]

Puro preconceito. Quase ninguém que se arvorava a dar opinião, sabia do que estava falando. Os primeiros brasileiros a manter contato com os orientais, ainda que impregnados de ideias preconcebidas, acabavam por formar opinião menos distorcida. O cônsul brasileiro em Yokohama, Mário Dantas Silva, assim se expressava para informar o Secretário da Agricultura de São Paulo da partida do Kasato Maru com a primeira leva de japoneses para o Brasil, em 1908: "A impressão que tive desses emigrantes não foi totalmente desfavorável, sobretudo, tendo-se em vista o tipo japonês, que é de baixa estatura, de aparência mais fraca do que forte e em seu conjunto bastante feio". O missivista fazia uma ressalva para os okinawanos: "Os homens da ilha de Ryukyu

18 Disponível em: < http://www.imigracaojaponesa.com.br/index.php/nossa-historia/historia-da-imigracao-parte-1/>. Acesso em: 22 de agosto de 2019.

(Okinawa), de aspecto agradável, pareceram fortes e resistentes. A gente dessa parte do Japão é dada à agricultura, obediente e ativa e estou certo que em São Paulo esses trabalhadores serão justamente apreciados". E arrematava, com argumentos que não deixavam dúvida sobre o bom negócio que se estava fazendo: "Penso que no fim de uma ou duas colheitas, V.S. poderá facilmente julgar da força e do caráter desses emigrantes, de que seja dito de passagem, não se deverá exigir mais de 2/3 do trabalho produzido por um emigrante branco. Os salários, naturalmente, devem ser pagos nesta proporção". E finaliza: "O japonês, mais do que qualquer outro emigrante, só trabalha sob as ordens de um chefe, a quem obedece cegamente".[19]

O desembarque em Santos seguia uma rotina burocrática cansativa e enfadonha que podia durar dias, até que os passageiros do navio fossem liberados para seguir viagem. De trem, eles eram levados para a Pensão do Imigrante, em São Paulo, um casarão preparado pelo governo do estado para receber os trabalhadores importados da Europa, primeiro, e do Japão, a partir de 1908. Para o pequeno grupo dos Takiguchi, a sorte atribuiu como destino a Fazenda Santa Constança, de propriedade do Secretário da Agricultura, Carlos Botelho, o homem que, do lado brasileiro, se tornara o principal responsável pela imigração dos japoneses. Para Rinkichi, que se habituara a ver em tudo um motivo de esperança, aquilo só poderia ser um bom sinal. Não era.

19 Mário Dantas Silva. Carta para o Secretário da Agricultura de São Paulo, Carlos Botelho. 30 de abril de 1908.

滝口林吉

Emigrei para o Brasil
como agricultor.
Mas minha origem
não é a agricultura.
No início, como
imigrante, sofri muito
e logo me conscientizei
de que nestas condições
não conseguiria voltar
para o Japão.

Rinkichi Takiguchi. *Carta para Shoji e Takeshi*, São Paulo, 1959

CAPÍTULO 3

Caminho da roça

(1913-1927)

Quando desceu do trem em Dourado, no interior de São Paulo, a caminho da Fazenda Santa Constança, Rinkichi ainda tinha esperanças. Ali, naquele momento, estava apenas começando a grande jornada pela qual atravessara meio mundo, deixando tudo para trás. Dourado, a 52 quilômetros de São Carlos e a 280 quilômetros da capital, e com uma população de cerca de 10 mil habitantes, é hoje uma típica pequena cidade do interior paulista. Na época em que Rinkichi por lá aportou, há um século, a realidade era bem diferente. Dourado estava, então, no apogeu de seu desenvolvimento. Sede da Estrada de Ferro Douradense e com 60% de suas terras cobertas por plantações de café, a cidade chegou, por essa época, a ter o dobro da população atual.

Mas Rinkichi, que não era lavrador, não ficou na cidade. Foi para a Fazenda Santa Constança trabalhar na lavoura de café. Shoji, o filho mais velho, deixaria registrado as dificuldades pelas quais passou o pai naquele mau começo:

> Para Rinkichi, que nunca tinha feito esse tipo de serviço, o trabalho na roça era muito pesado. A mão ficava cheia de bolhas d'água, que o impediam de trabalhar. Não podia conversar porque não sabia a língua portuguesa. Por intermédio de intérprete, transmitia e recebia a comunicação necessária. O mais difícil era fazer compras, já que não sabia os nomes das coisas em português. Com muita dificuldade, fazia gestos para explicar o que queria comprar. Por exemplo, para comprar ovo, fazia o gesto da galinha cantando

có-có-ró-có; agachava com gesto de fazer força para botar o ovo e fazia um círculo com o dedo, para explicar que o que queria comprar era ovo. Assim, a comunicação era bastante difícil. Quando começou a entender alguma coisa, já se tinham passado de 10 a 15 anos. O plano de voltar para o Japão depois de três ou cinco anos, com bastante dinheiro, nem em sonho.[20]

O relato faz parte do depoimento que Shoji escreveu em 1996, contando o que ele sabia da história dos Takiguchi. A descrição que ele faz, escrita a partir das histórias que ele próprio ouviu do pai, não difere muito daquilo que os historiadores da imigração japonesa fazem sobre a vida nas fazendas de café.

Tão logo os imigrantes se estabeleciam na colônia, se davam conta, claramente, de que não passavam de colonos sob contrato a serviço da fazenda. O fazendeiro e o administrador faziam-se entender através de fiscais e intérpretes. Eram conduzidos à escura colônia, iluminada apenas pela luz de velas. A maioria das casas era de chão batido. Raras as assoalhadas. As pavimentadas com tijolo eram luxo. Não se podia exigir que houvesse camas. O comum era cada um fabricar seus próprios móveis, cortando madeira na mata e trabalhando com as toscas ferramentas de que dispunham. O grupo chegado ao anoitecer, que não teve tempo para tanto, estendeu os acolchoados trazidos do Japão onde melhor pareceu a cada um, dormindo sobre eles. Houve um grupo que teve de deitar-se no chão sobre capim seco ou palha de milho. Naquela noite, ao pensar em seu destino de imigrantes, todos terão sentido que não era exatamente essa a vida com que haviam sonhado.[21]

Segundo publicação feita pela editora NSP Hakkosha,

As "moradias" que os fazendeiros ofereceram aos imigrantes nada mais eram que as antigas senzalas de barro ou madeira construídas para os escravos negros, que haviam sido abandonadas e estavam há anos sem limpeza ou manutenção. Não havia piso, móveis, ou paredes divisórias. Não havia água ou instalações sanitárias. Quem

20 Ciosi Takiguti. *Depoimento Sobre a Família Takiguti*. São Paulo, 1996.
21 HANDA, Tomoo. *O imigrante Japonês*: História de Sua Vida no Brasil. São Paulo: T. A. Queiroz Editor, 1987.

Rinkichi e Shizuyo com os filhos Tomoko, Takeshi e Shoji, por volta de 1922, quando moravam em Ibarra, na região de Tabapuã

quisesse ter iluminação em casa à noite tinha que comprar velas no armazém da fazenda, bem como quem quisesse ter algo para comer – o que se limitava a arroz de sequeiro, feijão, milho, carne ou bacalhau seco, itens de que os japoneses não gostavam e mal sabiam como preparar. Os brasileiros não cultivavam verduras ou soja, e os japoneses passaram a improvisar conservas com plantas encontradas no mato, como o picão e o caruru. Tais condições de vida subumanas causaram em poucos meses subnutrição generalizada, doenças e mortes entre os imigrantes. Dificuldades de entendimento entre os imigrantes e fazendeiros devido à total diferença de cultura, idioma, usos e costumes geravam constantes atritos. Capitães-do-mato e capangas armados para levar os imigrantes aos cafezais e fiscalizar seu trabalho passavam aos japoneses a sensação de que seus contratadores não lhes tinham confiança e queriam mantê-los prisioneiros como mão de obra escrava. Obrigados a comprar comida e itens de primeira necessidade apenas no armazém da fazenda, os imigrantes logo perceberam que, ao invés de receber um salário no fim do mês, passaram a ter dívidas com os fazendeiros, dado os preços exorbitantes cobrados no armazém.[22]

Todas as compras dos imigrantes eram feitas nos armazéns da fazenda, que controlava os preços de tal forma que no fim do mês eles tinham mais contas para pagar do que salário para receber. Era a restauração indireta da escravidão, ou, para usar uma expressão contemporânea, era a implantação do trabalho análogo à escravidão. As mulheres ficavam ainda mais expostas. Enfrentavam uma carga excessiva de trabalho, já que tinham de fazer dupla jornada para dar conta do serviço no cafezal e dos afazeres do lar. Para as crianças, não havia escola. E para completar, havia o bicho-de-pé, uma praga que penetrava no pé provocando intensa coceira e infecções horríveis. Era o terror dos imigrantes. Sob essas duras condições de vida, Rinkichi ficaria na Santa Constança de 1913 a 1916.

Lá ele recebeu a esposa, Shizuyo, que veio do Japão para juntar-se novamente a ele, em 1914. Shizuyo chegou a Santos no dia 10 de maio, a bordo do Teikoku Maru. Com ela vieram outras 1.803 pessoas, na décima leva de imigrantes japoneses para o Brasil. Ao contrário do que exigiam as regras de imigração, viajou sozinha, para se integrar a seu grupo familiar que já ingressara no Brasil no ano anterior. A chegada da mulher, com quem estava casado desde 1909, foi motivo de festa e grande alegria. Não só por estar

22 Disponível em: <http://www.imigracaojaponesa.com.br/index.php/nossa-historia/historia-da-imigracao-parte-2/>. Acesso em: 22 de agosto de 2019.

na sua presença, mas também porque Shizuyo trouxe na bagagem especiarias típicas japonesas que eram verdadeiras preciosidades: *tsukemono* (conservas diversas), *nori* (algas), *shoyu* (temperos) e saquê (bebidas). Rinkichi enchia a mala e saía de casa em casa para vender, fazendo um bom dinheiro e espalhando contentamento entre os patrícios saudosos das iguarias nativas.[23]

Foi lá também, na Santa Constança, no dia 26 de outubro de 1915, que nasceu o segundo filho do casal. O menino, que se tornaria de fato e de direito o primogênito da família, recebeu o nome de Shoji, mas foi registrado no cartório de Tabapuã como Ciosi. O menino não chegou a criar raízes e, muito menos, recordações da fazenda. Antes que completasse um ano de idade, a família empreendeu fuga do lugar, acontecimento muito frequente na história dos imigrantes japoneses no Brasil, mas nem por isso menos dramático. "Do dia para a noite passando a ser explorados como mão de obra escrava, empurrados para a miséria e correndo risco de vida pela situação de abandono, os imigrantes não tiveram outra alternativa senão fugir das fazendas e buscar outras profissões".[24]

As fugas aconteciam sempre à noite para escapar do calor do dia e dos olhares dos vigias. Mesmo assim, eram grandes as chances de terminar em fracasso, já que as fazendas estavam constantemente sob a guarda de capangas armados, atentos à menor atitude suspeita dos colonos. Fugiam protegidos pela escuridão, andando a pé, escolhendo caminhos mais discretos, em silêncio absoluto para não despertar a atenção dos guardas e de seus cães farejadores. Levavam nas costas os seus poucos pertences, a comida necessária para a travessia e, no caso do casal Takiguchi, uma criança de um ano de idade. Para se orientar, seguiam pela linha do trem, mas não tomavam a composição na estação mais próxima da fazenda, para não deixar pistas. Houve caso de famílias que caminharam dias e noites seguidas,

23 Dirce Kitico Tacakiguti. Depoimento ao autor. São Pedro, 2010.

24 Disponível em: <http://www.imigracaojaponesa.com.br/index.php/nossa-historia/historia-da-imigracao-parte-2/>. Acesso em: 22 de agosto de 2019.

do interior de São Paulo até o Rio de Janeiro. Quem se arriscava a tomar o trem tinha de decorar as palavras em português para comprar a passagem: "Turês passage para San Pauro", disse Rinkichi diante do guichê da estação, com a sensação de que estava pagando ali o preço da eterna liberdade.

Fugiam em grupo, geralmente. Mas não contavam com a solidariedade dos companheiros. Muitos simplesmente passavam de uma fazenda para outra. Outros, os que tinham conseguido amealhar alguma poupança, iam mais longe para tentar um empreendimento autônomo, comprando terras ou arrendando lotes de lavouras já formadas para explorar por conta própria. Outros, ainda, fiéis às origens urbanas, voltavam para a cidade, com vistas a montar um negócio ou a conseguir um emprego formal. Foi o que fez Rinkichi. Próximo destino: São Paulo, capital.

Em São Paulo, Rinkichi fez o que faziam todos os imigrantes japoneses: foi buscar a companhia e o apoio dos patrícios, que se concentravam na Rua Conde de Sarzedas, bem às costas da Praça da Sé, no coração da capital. Praça da Sé, naquele tempo, era modo de dizer: a antiga igreja da Sé havia sido demolida em 1911, justamente para a edificação da praça. Em 1913 deu-se início à construção da nova e atual catedral da Sé, que só viria a ser inaugurada em 1954, ano do quarto centenário da fundação de São Paulo. A Conde de Sarzedas seria o embrião da Liberdade, o bairro oriental de São Paulo. A partir de 1911, os casarões daquela rua começaram a ser ocupados pelos imigrantes, atraídos pelos preços mais em conta que podiam pagar para acomodar famílias inteiras em seus porões. Em 1914 foi fundado o Hotel Ueji, o primeiro de muitos que surgiriam ali a partir de então. Em 1915 inaugurou-se a Taisho Shogakko, a escola básica para as crianças imigrantes. Quando Rinkichi chegou a São Paulo, cerca de 300 famílias japonesas já estavam instaladas na área. Ele até pensou em comprar um terreno para construir uma casa e ficar por lá, mas faltou dinheiro e o negócio não saiu do pensamento. Cerca de um ano depois, foi ele, levando a tiracolo a família, quem saiu de novo em direção ao interior.

Enquanto esteve em São Paulo, Rinkichi trabalhou no serviço doméstico da casa de uma família portuguesa. Ele era o copeiro e Shizuyo, sua mulher, a arrumadeira. A dedicação ao serviço rendeu-lhe a oportunidade de aprender a dirigir automóvel.[25] Os japoneses eram os preferidos para trabalhar nas casas de família da alta burguesia por dois motivos: tinham fama de ser honestos e eram, forçosamente, discretos. Como não entendiam a língua dos brasileiros, o que viam e ouviam entre quatro paredes permanecia no mais absoluto segredo. Mas ganhavam pouco. Foi esse o motivo que, com menos de um ano de casa, levou Rinkichi a juntar as tralhas e os familiares e a colocar novamente o pé na estrada.

Rinkichi voltava para o interior numa situação melhor do que aquela em que se encontrava quando de lá saíra, um ano antes. Agora já não era mais empregado e, sim, um lavrador autônomo. A debandada dos empregados japoneses das fazendas de café os deixou diante de uma única alternativa: tocar a vida por conta própria. A outra, voltar para o Japão com dinheiro no bolso, estava definitivamente descartada, simplesmente porque os bolsos estavam vazios. Ou porque os que conseguiram amealhar algum recurso preferiam investir no negócio.

Tem-se notícia de que, três anos após sua chegada ao Brasil, alguns dos imigrantes do pioneiro Kasato Maru estavam comprando terras para plantar café no interior de São Paulo.[26] Aqueles que não tinham meios para comprar, arrendavam a terra. E outros, ainda, recebiam, mediante contrato, uma parte de terra inexplorada da fazenda para plantar; não apenas café, mas também milho, arroz e algodão. Já por essa época, as empresas de emigração passaram a vender terras no Brasil para os japoneses dispostos a imigrar. Foi dessa forma que foram criadas as colônias Aliança na região de Mirandópolis, no noroeste do estado de São Paulo.

25 Tomoko Kosaka. Depoimento ao autor. São Paulo, 2011.

26 YAMASHIRO, José; KIYOTANI, Masuji. Do Kasato Maru até a década de 1920. In: *Uma Epopeia Moderna*: 80 anos de Imigração Japonesa no Brasil. São Paulo: Hucitec, Sociedade Brasileira de Cultura Japonesa, 1992. p. 79.

O fracasso da alocação de imigrantes como mão de obra assalariada em fazendas de café levou a uma alteração na forma pela qual se deu continuidade ao processo imigratório. Aproveitando a onda de expansão desenvolvimentista para o interior que ocorria no Brasil na primeira década do novo século, as empresas de emigração japonesas passaram a comprar grandes áreas de mata virgem para instalar as *shokuminchi* (colônias ou núcleos coloniais). Por este sistema de colônias, os imigrantes passaram a vir para o Brasil como adquirentes a prazo de lotes de terra pertencentes às empresas de emigração. Desbravando áreas distantes e mata virgem sem ajuda governamental, tornavam-se pequenos produtores agrícolas. Ao invés de empregados em regime de semiescravidão em cafezais, os imigrantes chegavam na condição de pequenos produtores independentes de arroz e algodão (na época produto-base da indústria têxtil mundial, tão valorizado quanto o café). O primeiro empreendimento dessa natureza foi a Colônia Monção, fundada em 1911 na região da estação Cerqueira César da linha férrea Sorocabana, interior de São Paulo. Em sequências, surgiram várias outras *shokuminchi*, que deram origem a cidades como os municípios paulistas de Aliança, Bastos, Iguape, Registro e Suzano, bem como Assaí, no Paraná, e Tomé-Açú, no Pará. Todos esses centros urbanos começaram como colônias de pequenos produtores rurais japoneses. Eles cultivavam, além das tradicionais lavouras de café, algodão e arroz, produtos como a pimenta-do-reino em Tomé-Açú, o chá em Registro, no Vale do Ribeira, e atividade granjeira em Bastos, no interior de São Paulo.[27]

Rinkichi instalou-se na localidade denominada Vila Ibarra, no município de Tabapuã, na linha da Estrada de Ferro Araraquarense, a 414 quilômetros da capital paulista. A Vila Ibarra logo passaria a se chamar Catiguá e, com esse nome, foi anexada a Catanduva, como um distrito. Mais tarde, em 1960, foi desmembrada e elevada a município. Hoje, ainda com o nome de Catiguá, é um município com cerca de 7 mil habitantes. Então, era apenas e tão somente a Estação Ibarra da recém-inaugurada Estrada de Ferro Araraquarense, que prosperava com as plantações de café que

27 Disponível em: <http://www.imigracaojaponesa.com.br/index.php/nossa-historia/historia-da-imigracao-parte-2/>. Acesso em: 22 de agosto de 2019.

avançavam em direção ao noroeste do estado de São Paulo. As ferrovias eram a ponta de lança das frentes de expansão agrícola e representavam fator importantíssimo no desbravamento e desenvolvimento do interior. A sua implantação significava progresso acelerado das regiões por elas servidas.[28]

Rinkichi arrendou uma propriedade que tinha um cafezal com dois anos de plantio. O contrato dava a ele seis anos para explorar a produção da plantação. Yoichi Takiguchi, o tio com quem viera do Japão, também fez um contrato de seis anos para plantar café, junto com outros imigrantes japoneses. As duas propriedades eram vizinhas, mas de donos diferentes. A sorte também os tratou de forma desigual: foi madrinha para Yoichi e madrasta para Rinkichi.

No ano seguinte ao arrendamento, uma forte geada dizimou a plantação aos cuidados de Rinkichi. A geada não atingiu o cafezal de Yoichi porque "o café estava dentro da cova", enquanto o de Rinkichi não estava, conta Shoji em seu depoimento. Refere-se à pratica dos agricultores, que, na iminência da chegada da geada, cobrem com terra as plantas ainda tenras para evitar que sejam queimadas pelo gelo. Essa providência salvou a lavoura de Yoichi. Com o que ganhou nesse contrato, ele sentiu-se pronto para voltar ao Japão, pouco mais de cinco anos após sua chegada ao Brasil. Plano cumprido, sonho realizado.[29]

Para Rinkichi, a geada no cafezal era apenas o mau começo de seu périplo pela agricultura brasileira. Nessa ocasião, por desgosto, ele começou a beber.[30] Também nessa ocasião, nasceram Tomoko (1919) e Taqueci (1921). Evidentemente, Taqueci foi a transliteração mais razoável que o tabelião em Tabapuã, onde os dois foram registrados, em 1922, encontrou para o que deveria ser Takeshi. Rinkichi aproveitou a oportunidade para registrar Shoji, que foi inscrito no livro do cartório como Ciosi. O menino tinha,

28 YAMASHIRO; KIYOTANI, op. cit., p. 74.
29 Ciosi Takiguti. *Depoimento Sobre a Família Takiguti*. São Paulo, 1996.
30 Ibid.

então, cinco anos de idade. Quando Tsuyoshi (1925) e Hanako (1927) nasceram, a família continuava na região, mas em outra fazenda, a São Silvestre. Tsuyoshi foi agraciado no cartório com o nome de Tuioci. Todos os filhos, com exceção do caçula Tadashi, foram registrados também no consulado do Japão. Afinal, ainda se acreditava que a família completaria a volta à terra, um dia.

Foi também nessa época que o pequeno Shoji, então com 10 anos, sentou-se pela primeira vez no banco de uma sala de aula. A escola ficava em Ibarra e ele fazia o percurso de quatro quilômetros, todos os dias, a cavalo.[31] O curso durou apenas oito meses e foi interrompido quando a família se mudou de cidade. Em seu depoimento, escrito 70 anos mais tarde, Shoji registrou: "Em 1927, eu vi o primeiro avião teco-teco a voar".[32]

Depois da primeira experiência fracassada de arrendamento, Rinkichi fez um contrato de meeiro, por três anos, com outro fazendeiro, o dono da Fazenda São Silvestre. Nesse sistema, o dono da terra entrava com o custeio da lavoura e o meeiro com o trabalho, e os dois dividiam entre si o resultado da produção. Além de café, Rinkichi também plantou arroz. Desta vez não teve geada, mas teve gafanhoto.[33] Uma praga desses insetos arrasou as lavouras do oeste paulista. Rinkichi, mais uma vez, perdeu tudo que plantara.

Em novembro de 1918, verificou-se uma terrível invasão de gafanhotos, que chegou a paralisar o tráfego de trens da estrada de ferro Noroeste. Em duas ou três horas, todas as culturas agrícolas foram devoradas. Um acontecimento realmente gravíssimo. E tem mais: em 1919, uma tremenda seca reduziu as colheitas à metade.[34]

O contrato não seria renovado e, ao seu final, a família – sem Hanako, que sobreviveria não mais do que um ano de vida – estava novamente de mudança.

31 Ibid.
32 Ibid.
33 Tomoko Kosaka. Depoimento ao autor. São Paulo, 2011.
34 YAMASHIRO, José; KIYOTANI, Masuji. Do Kasato Maru até a década de 1920. In: *Uma Epopeia Moderna*: 80 anos de Imigração Japonesa no Brasil. São Paulo: Hucitec, Sociedade Brasileira de Cultura Japonesa, 1992. p. 89.

Outra vez, Rinkichi sai de um fracasso comercial para dar um salto na escala socioeconômica. Agora ele está prestes a se tornar um proprietário de terras. Por essa época, os grandes latifundiários paulistas começaram a vender terras, em lotes de 10 alqueires. Para os patrícios nipônicos, inconformados com o trabalho de semiescravidão das fazendas, era a grande oportunidade. "Quem não compra terra, não é japonês", dizia-se entre eles. Em 1927, calculava-se em 3.700 o número de famílias japonesas residentes na região Noroeste do estado de São Paulo. Desse total, 974 eram colonos de café e 631 contratistas.[35] Isaburo Ueda, um companheiro de viagem de Yoichi e Rinkichi no Daini Unkai Maru, acabara de comprar umas terras para os lados de Araçatuba, na localidade chamada Córrego da Prata.[36] Eram 20 alqueires e ele oferecia revender 10 para Rinkichi. A família Ueda era formada, então, por Isaburo, de 38 anos, a mulher Kata, 38, e a filha adotiva Kaoru, 16. A de Rinkichi, 37 anos, estava constituída pela mulher Shizuyo, 37, e pelos filhos Shoji, 12, Tomoko, 8, Takeshi, 6, e Tsuyoshi, 2. As duas famílias se mudaram para Córrego da Prata no mesmo dia, 13 de junho de 1927, em dois caminhões, um Ford e outro Chevrolet.[37]

35 OKUBARO, Jorge. *O Súdito (Banzai, Massateru!)*. São Paulo: Terceiro Nome, 2006. p. 111.

36 Algumas fontes referem-se à localidade como Água Limpa em vez de Córrego da Prata. Aparentemente, trata-se de bairros contíguos na mesma área da zona rural de Araçatuba.

37 Ciosi Takiguti. *Depoimento Sobre a Família Takiguti*. São Paulo, 1996.

Quando a gente
saía de madrugada
para a lavoura, ainda
tinha estrela no céu.

Quando a gente
voltava no fim do
dia, também já tinha
estrela no céu.

Tomoko Kosaka. Depoimento ao autor. São Paulo, 2011

CAPÍTULO 4

Araçatuba

(1927-1933)

Embora não soubesse então, Rinkichi acabava de encontrar seu destino no Brasil. Em Araçatuba e arredores, ele haveria de criar os filhos, ver crescer os primeiros netos e viver até os últimos dias de vida. Nisao Sasaki, um imigrante que trabalhara como assalariado para Rinkichi em Ibarra, havia dois anos, adquirira 10 alqueires em Córrego da Prata. Foi na casa dele que a família Takiguchi se hospedou enquanto era construída a casa onde iria morar, no sítio de 10 alqueires que Rinkichi comprara junto com o outro amigo, Isaburo Ueda. Enquanto isso, os homens cuidavam de desmatar a área onde seria plantada a lavoura. Tratava-se de uma frente de expansão pioneira de desenvolvimento agrícola. As famílias chegavam para ocupar terras novas, nunca antes cultivadas. A mata virgem – Mata Atlântica, naturalmente – era derrubada para dar lugar à lavoura. Café em primeiro lugar, mas também algodão, arroz e milho. Rinkichi empreitou o desmatamento de sua gleba e plantou 8 mil pés de café. "Café naquela época valia ouro", atestaria Shoji,[38] sem saber ainda que em breves dois anos a crise da bolsa de Nova York reduziria o ouro do café a pó.

Dois anos após a chegada da família Takiguchi, a colônia japonesa de Córrego da Prata já contava com 50 famílias. Era uma nova realidade e uma possibilidade de repetir, em escala reduzida, os hábitos e costumes do Japão. Criou-se entre os moradores uma

38 Ciosi Takiguti. *Depoimento Sobre a Família Takiguti*. São Paulo, 1996.

Nihonjin-Kai, uma associação com fins sociais e culturais e, muito especialmente, de solidariedade. Era a busca de união para enfrentar as dificuldades, que não eram poucas. Construiu-se uma escola para o ensino da língua japonesa. Passar pela *Nihon Gakkoo* tornara-se, então, uma obrigação para todo filho de japonês no Brasil.

Já despontando como uma liderança[39] na comunidade, Rinkichi se colocou à frente da iniciativa de contratar um professor para ensinar a língua e a cultura japonesa às crianças da colônia. Com o empenho de todos da comunidade, chegou a Córrego da Prata, vinda diretamente do Japão, a professora Kou Hasegawa. Shoji, então com 14 anos, recomeçou os estudos, desde o primeiro livro. Em dois anos com a Hasegawa *sensei* (professora, em japonês), iria completar o equivalente ao sexto ano do ensino básico no Japão. Seus irmãos Tomoko, Takeshi e Tsuyoshi também foram matriculados. Tomoko fez dois livros em um ano. Para Rinkichi, seria uma grande vergonha se os filhos não estudassem. "Sem estudo os filhos ficariam como bobos e não fora para isso que emigrara para o Brasil".[40]

Garantir uma sólida formação cultural para os filhos é uma meta na vida dos japoneses. A educação é um dos pilares do que eles chamam de "espírito japonês", o *Yamato Damashii*, um conceito que inclui também a força de vontade, o senso de lealdade e a nobreza do caráter. Era o que dizia, em editorial, o jornal *Nippak Shimbun*, editado em São Paulo, em 31 de julho de 1925:

> Não existe ninguém, entre os estrangeiros, mais preocupado do que o japonês em relação à educação dos filhos. Pessoas que até há pouco viviam no meio de mata virgem, na ânsia de ganhar dinheiro, não se incomodavam em sacrificar mulher e filhos, mas, uma vez conquistada certa margem de segurança em suas vidas, têm de enfrentar o problema da educação da prole. E decidem então construir uma escola primária. Trata-se de uma característica peculiar dos japoneses, que quase não se observa em outros imigrantes.

39 Tadashi Takiguti. Depoimento ao autor. Americana, 2011.
40 Tomoko Kosaka. Depoimento ao autor. São Paulo, 2011.

Rinkichi e Shizuyo com os filhos Takeshi, Shoji, Tsuyoshi e Tomoko, por volta de 1929, depois de se mudarem para Córrego da Prata, Araçatuba

O jornal expõe outra questão, que inquietava os imigrantes num momento em que ainda não estava claro onde estaria o seu futuro – se no Japão ou no Brasil:

> "Seja qual for a forma de emigração, a maioria terá que morrer na terra para onde emigrou. Logo, a educação de *dainisei* (nisei) deve ser a local, ou seja, a brasileira. Não há necessidade de impor o espírito de reverência ao imperador e amor à pátria" (japonesa). Será perfeito se formar cidadãos conscientes de seus deveres, corajosos e honestos; então teremos uma segunda geração (filhos de japoneses) dos quais não precisamos nos envergonhar. Só uma coisa: é preciso ensinar bem a língua japonesa.[41]

Hasegawa *sensei*, como passou a ser chamada a professora da escolinha de Córrego da Prata, teve uma importância fundamental na formação cultural e moral da família. Todos os filhos de Rinkichi, com exceção do caçula Tadashi, frequentaram suas aulas

41 YAMASHIRO, José; KIYOTANI, Masuji. Do Kasato Maru até a década de 1920. In: *Uma Epopeia Moderna*: 80 anos de Imigração Japonesa no Brasil. São Paulo: Hucitec, Sociedade Brasileira de Cultura Japonesa, 1992. p. 100.

e aprenderam japonês com ela. Tomoko lembra que estudava japonês com a *sensei* e português, em casa, com seu esforço pessoal e com a assistência abnegada do pai. "Eu recortava as letras do jornal e juntava para formar as palavras e ele me ajudava a soletrar: ei, bi, ci, di...". O episódio deixa claro que, antes de viajar para o Ocidente, Rinkichi andara aprendendo uma língua ocidental e adquirira um conhecimento rudimentar de inglês.[42]

Tadashi, o caçula, foi o único dos cinco irmãos que não aprendeu a língua nativa de seus ancestrais. "Essa professora Hasegawa teve muita influência. Todos os meus irmãos estudaram japonês. O meu pai e a minha mãe tinham formação japonesa, queriam educar os filhos na moda japonesa e mandavam estudar a língua japonesa. No ano que eu ia começar a estudar, fechou a escola por causa da guerra. Então o único que não fez curso de japonês fui eu", relembra Tadashi.[43] Tomoko recorda, por sua vez, que em casa só se falava japonês. Com o tempo, Rinkichi chegou a se expressar com alguma desenvoltura em português, mas Shizuyo, até o fim da vida, só se fazia entender em japonês.

Dessa vez não foi a inaptidão natural de Rinkichi para a agricultura, nem tampouco a crise da economia mundial provocada pela queda da bolsa de Nova York, em 1929, a causa principal de nova derrocada do imigrante japonês. O infortúnio, nesta oportunidade, atacou a integridade física da família. Tanto Rinkichi como Shizuyo ficaram doentes. Ele de malária, ela de tracoma. A malária, doença prevalente em países tropicais, transmitida pelo anofelino, um mosquito silvestre similar ao pernilongo, já fazia parte da paisagem brasileira em processo de devastação. Por sua vez, o tracoma, inflamação ocular crônica, era muito familiar entre os imigrantes de qualquer procedência, e mais ainda entre os japoneses, que eram vítimas do mal antes mesmo de chegarem ao Brasil. Por isso, as autoridades brasileiras exigiam que os candidatos a imigrar fossem submetidos a exame específico para detectar sintomas da doença.

42 Tomoko Kosaka. Depoimento ao autor. São Paulo, 2011.
43 Tadashi Takiguti. Depoimento ao autor. Americana, 2011.

Antes de embarcar em Kobe, com destino a Santos, no Teikoku Maru, em 1914, Shizuyo passou pelo exame, que nada constatou. A doença de origem bacteriana ataca a conjuntiva, córnea e pálpebras dos olhos, pode provocar cicatrizes e até a perda total de visão. É transmitida por contato físico ou por picadas de insetos. Shizuyo contraiu a doença depois do nascimento do terceiro filho, Takeshi, mas padeceu com ela durante vários anos, a ponto de sua doença se sobrepor à de Rinkichi, já no início dos anos 1930, duplicando a dramaticidade de uma situação dramática por si só. Pelo resto da vida, sua visão ficou prejudicada.

Kou Hasegawa sensei, professora de japonês dos filhos de Rinkichi em Córrego da Prata

As doenças abalaram a estabilidade da família. Quando Shizuyo ficou de cama, por volta de 1928, Shoji tinha 13 anos e Tomoko, 9. Como Rinkichi já não andava bem de saúde, caiu sobre os dois filhos mais velhos a responsabilidade de cuidar dos enfermos, das outras crianças e da casa. Takeshi e Tsuyoshi tinham 8 e 3 anos, respectivamente. Quando Tadashi nasceu, em 1930, a falta de saúde ainda era alarmante. As dificuldades desse período ficaram marcadas para sempre na mente de Tomoko, então uma criança, na forma de um céu estrelado que ela observava ao ir para o trabalho na roça de madrugada e ao voltar para casa de noite. "Quando a gente saía de madrugada para a lavoura, ainda tinha estrela no céu. Quando a gente voltava, à tarde, também já tinha estrela no céu".

As duas crianças levavam um carrinho de trabalho, que era puxado por Shoji e empurrado por Tomoko. Shoji, felizmente, era um garoto muito forte e conseguia arrastar sozinho o peso do carrinho, que superava em muito as forças de sua pequena ajudante. Em seu abandono, as duas crianças receberam ajuda de uns vizinhos que, sem que ninguém pudesse prever então, iriam ter grande ingerência na vida dos Takiguchi. Era Heijiro Ishii e sua cunhada Kiku Ishii. Heijiro, alguns anos depois, quando Rinkichi resolveu encerrar definitivamente sua carreira de agricultor, foi o comprador de seu sítio em Córrego da Prata. Kiku, quando Rinkichi decidiu que era hora de Shoji ter uma esposa, foi a primeira a ser consultada se aceitava a proposta. Disse sim.

A notícia da doença chegou aos ouvidos de Tome, a mãe de Rinkichi, que continuava vivendo em Shinichi, no Japão. Preocupada, ela fez uma promessa, segundo conta Tomoko.

> A mãe do *ojiji* ficou sabendo que *obaba* tinha tracoma. Fez uma peregrinação por 48 templos, levando um *happi*, um quimono que ela mesma havia tecido. Em cada templo que passava, ela carimbava o quimono. Depois de concluído o giro, ela mandou o quimono para a nora, pagando promessa para que ela não tivesse sequelas. E ela se curou.[44]

A malária rondava as muitas colônias de imigrantes japoneses. Edificadas nas fronteiras de expansão agrícola, elas avançavam sobre a mata virgem, habitat natural do mosquito transmissor da doença. "A partir de janeiro e fevereiro de 1916, começou a grassar uma epidemia de malária que logo atingiu virtualmente todos os colonos", relatam Masuji Kiyotani e José Yamashiro, ao discorrerem sobre a criação da Colônia Hirano, na região onde fica hoje o município paulista de Cafelândia. Por causa da penúria, os colonos não se alimentavam adequadamente e a debilidade física facilitava o avanço da doença. Transformou-se na maior tragédia da história da formação de colônias, como da própria história da imigração japonesa no Brasil. "Acontecimento trágico com sacrifício de mais de 80 vidas", informa o jornal

44 Tomoko Kosaka. Depoimento ao autor. São Paulo, 2011.

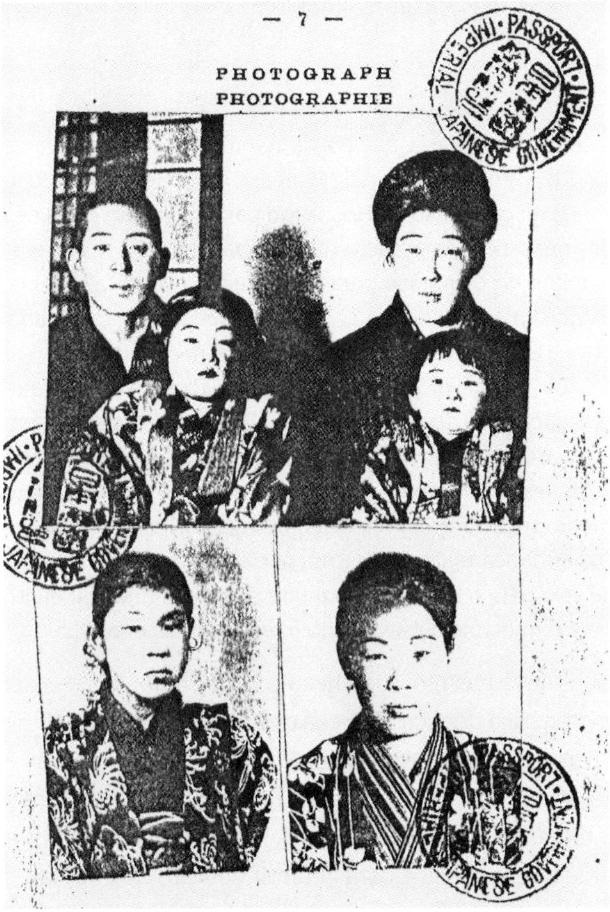

Passaporte da Família Ishii: Heijiro, a mulher Haruko, as filhas Sumiko e Kiyoko, mais Mitsuko e Kiku, irmãs de Haruko

Seiho. "Dezenas de dias de cremação na mata"[45], noticia o *Jihô*.[46]

Rinkichi sempre tivera saúde frágil. Menos de dois anos após desembarcar no Brasil, ele escapara de um surto de tifo, que o deixou quase três meses de cama.[47] A malária, muito provavelmente, foi contraída não na frente de trabalho, mas na prática de uma de suas paixões desenvolvidas no Brasil: a pesca. Na memória de seu filho mais velho, Shoji, a história ficou assim registrada:

45 YAMASHIRO, José; KIYOTANI, Masuji. Do Kasato Maru até a década de 1920. In: *Uma Epopeia Moderna*: 80 anos de Imigração Japonesa no Brasil. São Paulo: Hucitec, Sociedade Brasileira de Cultura Japonesa, 1992. p. 89.

46 Yamashiro e Kiyotani citam dois jornais da colônia: o *Seihsu Shinpo (Notícias do Estado de São Paulo)*, conhecido por sua abreviatura Seiho, foi lançado em 1921, em Bauru – em 1934 transferiu sua sede para a capital –; e o *Burajiru Jihô (Notícias do Brasil)*, fundado em 1917, em São Paulo.

47 Rinkichi Takiguchi. *Diários*. Tradução de Yoneko Toma e Hajime Kato. São Paulo, 1961-1962.

Em 1931, o senhor Hosokawa, que era da colônia, convidou para uma pescaria no Rio Feio, perto de Alto Pimenta. Papai, eu e mais oito pessoas fomos no caminhão do Hosokawa para o Rio Feio e ficamos uma semana pescando. As pessoas que não bebiam, ao escurecer às 19 horas, subiam no caminhão para dormir, sob a coberta de lona. As pessoas que gostavam de beber dormiam debaixo do caminhão, sem coberta. Os pernilongos picavam os desprevenidos à noite toda. Uns 10 dias depois da pescaria, quem foi picado pelos mosquitos começou a ter febre alta. Era a maleita. O Maeda em pouco tempo morreu e o Hosokawa também. O Ueda e papai também ficaram doentes de maleita. Tomavam quinino e injeção de Paludan. O quinino é remédio muito forte, prejudicial ao fígado. Dessa época em diante o papai nunca mais endireitou, permanecia sempre doente. Depois que veio para o Brasil, bebia muita pinga e prejudicou muito o estômago e o intestino. Ficava o ano inteiro com disenteria.[48]

Rinkichi acreditou mesmo que chegara a sua hora. "Eu pensei que ia morrer com essa doença. Tomei a decisão de me despedir de meus filhos, rezando em frente ao *butsudan*[49]. Mas graças a Deus e aos meus ancestrais, uma luz se acendeu na minha mente".[50] Rinkichi tomou, então, uma providência de ordem prática para enfrentar a crise de saúde que o afligia e para garantir o futuro da família.

Um dia o papai chamou Ueda-san e conversou que queria arrumar uma moça para casar com o filho Shoji. O Ueda informou que na casa do vizinho Ishii-san tinha uma moça muito boazinha e trabalhadeira. O Ueda conversou com ela, que aceitou, e nos casamos no dia 28 de outubro de 1933. Eu tinha completado 18 anos no dia 26 de outubro de 1933 e ela tinha completado 22 anos no dia 9 de setembro de 1933. Ueda-san foi, então, nosso padrinho de casamento.[51]

Kiku Ishii (ou Kiku Ishy, como consta na certidão do Registro de Estrangeiros) era japonesa de nascimento, natural da cidade de Yonago, na província de Tottori. Situada na ilha de Honshu, vizinha

48 Ciosi Takiguti. *Depoimento Sobre a Família Takiguti*. São Paulo, 1996.
49 Oratório que os budistas mantêm em suas casas para orações diárias.
50 Rinkichi Takiguchi. *Carta para Shoji e Takeshi*. São Paulo, 1959.
51 Ciosi Takiguti, op. cit.

Rinkichi e seu amigo Heijiro Ishii, para quem ele venderia o sítio de Córrego da Prata

de Hiroshima, Tottori é a menor província do Japão. Veio para o Brasil em 1928, no navio Hakata Maru, quando tinha 16 anos e oito meses. Fora agregada à família formada pela irmã Haruko e pelo cunhado Heijiro, com o propósito exclusivo de atender às exigências da imigração. Como foi dito antes, cada família com intenção de imigrar para o Brasil deveria ter, no mínimo, três pessoas aptas para o trabalho. Heijiro e Haruko tinham duas filhas – Sumiko e Kiyoko –, uma com cinco e a outra com dois anos de idade. Além de Kiku, veio também outra irmã de Haruko, Mitsuko, que ainda não havia completado 14 anos, mas, para os padrões da época, já estava apta a empunhar um cabo de enxada na lavoura.

Foram para Água Limpa, distrito rural de Araçatuba, vizinho a Córrego da Prata. Primeiro trabalharam na fazenda de Anzi Molizi, imigrante pioneiro e um dos primeiros japoneses a se tornar latifundiário no Brasil. A proximidade das propriedades criou as condições para o *miai*[52], o encontro em que são acertados os casamentos sob encomenda na tradição japonesa. A união de Kiku e Shoji consumou-se em seguida. As relações entre as duas famílias, que já eram boas, se consolidaram ainda mais. Quando decidiu vender suas terras em Córrego da Prata, foi para Heijiro que Rinkichi primeiro as ofereceu. E ele as comprou.[53]

52 Tradicional costume japonês em que um homem e uma mulher são apresentados para considerarem a possibilidade de se casarem.

53 Gloria Kiyoko Ishii Iwai. Depoimento ao autor. Andradina, 2011.

滝口林吉

O lavrador dorme
cedo e acorda cedo;
Via Láctea no céu.

Rinkichi Takiguchi. *Diários*. Tradução de Yoneko Toma e Hajime Kato. São Paulo, 1961-1962

CAPÍTULO 5

O xogum e o imperador

(1933-1948)

Durante seis séculos em sua história, o Japão teve um imperador, que era o chefe, e um xogum, que mandava. De 1192 a 1865, funcionou assim: o imperador, uma entidade mítica, simbolizava o poder do Estado, mas delegava a um chefe militar, o xogum, as atribuições de governo e o poder de tomar decisões administrativas e políticas. Com o casamento de Shoji, os Takiguchi replicaram a fórmula de poder no âmbito familiar: o chefe de direito era Rinkichi, a quem, enquanto viveu, coube a palavra final sobre qualquer decisão familiar; e o chefe de fato era Shoji, a quem coube a execução de todos os planos da família, a partir daquele momento.

Mesmo quando Rinkichi ainda estava vivo, os irmãos devotavam grande respeito por Shoji, não só por ser o filho mais velho. Para Dirce Kitico Sumida Takiguti, esposa de Tsuyoshi e cunhada de Shoji, a relação entre os irmãos seguia um padrão que superava a tradição nipônica de submissão ao primogênito: "O Shoji era respeitado por ser honesto, trabalhador, uma pessoa que se doou pelos irmãos. Eles tinham uma coisa no coração que era muito grande. O respeito que os irmãos tinham por ele ia além da tradição japonesa do respeito devido ao filho mais velho".

O chefe em exercício tinha um temperamento bem diferente daquele do chefe natural. "O *Ojiji* era conciliador, gostava de conversar e não tinha aquele rigor. Shoji era bravo e autoritário. Mas os irmãos não ligavam para isso, porque ele tinha o direito de ser assim. Foi uma pessoa que sempre cuidou dos irmãos, trabalhou, sacrificou-se, doou-se inteiramente para a família. E os irmãos sempre tiveram essa gratidão por ele".[54]

Casamento era um dos muitos motivos de festa na colônia. Os outros eram o *Tenchoo Setsu*, o dia do aniversário do imperador, o *Oshougatsu*, a passagem do Ano Novo, e a brasileiríssima Festa de São João. Bem mais tarde, o Carnaval também passaria a ser celebrado, fortalecendo ainda mais o sincretismo festivo dos imigrantes. Nestas ocasiões, os moradores do lugar se reuniam e faziam como se estivessem no Japão. Servia-se comidas típicas, que em muitas ocasiões eram levadas pelos próprios convidados.

54 Dirce Kitico Tacakiguti. Depoimento ao autor. São Pedro, 2010.

Família brasileira, a patir da esquerda, de pé: Shoji, Rinkichi e Takeshi, Tadashi (à frente) e Tsuyoshi. Sentadas: Kiku (com a filha Kazue no colo), Shizuyo e Tomoko

Servia-se também café e, para os adultos, cachaça, outro produto que servia de liame entre as duas culturas. O casamento de Shoji e Kiku foi festejado na casa dos pais do noivo e não no *Nijonjin Kai*, o centro cultural e recreativo da comunidade, como era costume.

As festas da comunidade, no entanto, eram apenas um momento de relaxamento e de congraçamento, numa situação que era, normalmente, de tensão e de penúria. Em 1932, o preço do café batera em 60 cruzeiros a saca de 40 kg. Em 1933, arrastado pela crise financeira mundial e pelas vicissitudes políticas nacionais, caiu para 10 cruzeiros a saca. Somadas as dificuldades que já o incomodavam fora do cafezal, Rinkichi tomou então a decisão

Em Guararapes, Rinkichi abriu o Bar Nipon, onde trabalhou por 15 anos

de deixar o campo e fixar-se, definitivamente, na cidade. Em 1935, ele vendeu o sítio e o cafezal de Córrego da Prata para Heijiro Ishii, já então concunhado de seu filho, e mudou-se para Guararapes.

Situada a cerca de 20 quilômetros de Araçatuba, Guararapes é hoje uma cidade de 30 mil habitantes, que vive, principalmente, da cultura da cana-de-açúcar e da criação de gado de corte. Em 1928, era um distrito de Araçatuba, resultado do recente loteamento de uma grande fazenda de propriedade dos irmãos Pinto de Oliveira. A vila somente iria se emancipar de Araçatuba, transformando-se em um novo munícipio, já com o nome de Guararapes, em 1937, dois anos após a chegada de Rinkichi e sua família. Antes disso, o povoado chamava-se Frutal.

Rinkichi estabeleceu-se num bar e armazém, aquele comércio típico de cidade do interior, que vende de tudo um pouco. Por mais de 15 anos, o Bar Nipon (rebatizado como Bar Jardim na época da Segunda Guerra Mundial) garantiu o leite das crianças da família. Ficava numa esquina da Rua Rio Branco, bem no centro da cidade. Era uma característica de Rinkichi, quando pretendia se estabelecer comercialmente: a loja podia não ser grande coisa, mas o endereço era de primeira, rua principal, bem no centro da cidade. A família ainda iria insistir em tentar vencer na vida no campo, mas, para Rinkichi, a volta à cidade, de onde, por seu gosto, nunca teria saído, era definitiva.

O Bar Nipon atendia a freguesia da colônia japonesa, mas estava aberto também para os nativos e para os imigrantes europeus. Nos fins de semana, os italianos vinham dos sítios e se reuniam no Nipon, para comer e beber. Bebiam muito, cerveja e pinga. Até as crianças bebiam, para escândalo dos recatados japoneses. Shizuyo fazia bolos e confeitos para vender no bar. Tomoko, então uma mocinha já passando dos 16 anos, ia buscar gelo no vizinho para refrigerar as bebidas. Rinkichi, como bom anfitrião, fazia as honras da casa, contava causos e animava a festa.[55]

Mas nem tudo era festa. A vida continuava dura e a renda do Nipon, curta. Para completar o orçamento da casa, Shoji e Kiku foram trabalhar na Casa Dias, em Guararapes. Era um armazém de secos e molhados, semelhante e concorrente do Nipon, mas pagava salário aos empregados. Kiku fazia o serviço doméstico e Shoji atendia no balcão. No ano seguinte, 1936, o irrequieto Shoji já estava em outra, tentando a vida por conta própria: comprou uma carroça, um burro e foi vender lenha na cidade. Em tempos em que não havia gás de cozinha nem restrição ao fogão a lenha, não era má ideia. Mas o negócio não prosperou. Quando faltava cliente para lenha, ele fazia carreto com a carroça. E no ano seguinte já saltara de galho e se empregara como carregador de sacos numa beneficiadora de café e algodão. Já então sua força física era conhecida de todos na região.

Em 1938, o casal comemorou com alegria o nascimento do primeiro filho homem, Clóvis Kiomitsu. Dois anos antes nascera a primeira filha, Kazue, que não chegou a completar um ano de vida. Fato que não destoava dos índices de qualidade de vida da época. Em 1940, segundo o IBGE, de cada mil crianças nascidas, 146 morriam antes de um ano (em 2016, a taxa de mortalidade infantil brasileira era de 14 por mil).

55 Tomoko Kosaka. Depoimento ao autor. São Paulo, 2011.

Shoji continuava em sua atividade febril para vencer na vida. Nesse mesmo ano ele se alistou para colher algodão no bairro de Sergipe, em Valparaíso, um antigo distrito de Araçatuba, um pouco além de Guararapes, que se emancipara, também, em 1937. O dono da fazenda, um imigrante chamado Shiguemoto, tinha uma área abandonada de três alqueires. Shoji se interessou pela terra e fez um contrato de arrendamento para plantar algodão. "Tinha muita formiga. Gastei 52 quilos de arsênico e enxofre para matar as formigas. Nesse ano faturei 10 mil cruzeiros, que dei ao papai". A moeda na época era ainda o Mil-Réis e a quantia faturada por Shoji corresponderia a 10 contos de réis – o que não era pouco dinheiro, com certeza. Incansável, Shoji ia de casa em casa para tirar os pedidos de mercadorias e depois fazia a entrega das encomendas. "No Natal, faturava um bom dinheiro".[56]

A lavoura e os negócios com o algodão prosperavam. Com a mulher Kiku e o filho Clóvis, Shoji se mudara para Valparaíso. Animado, já se dispunha a arrendar mais dois alqueires de terra para ampliar a plantação, quando veio a contraordem paterna. Em 1939, Tomoko ficara noiva de Taketo Kosaka e, com a saída dela de casa, era necessário que Kiku retornasse para ajudar a sogra nos afazeres do lar. Como filho mais velho, era de Shoji a obrigação de cuidar dos pais. E ele voltou para a casa paterna, em Guararapes. Para tocar a vida em frente, abriu um mercadinho numa sala da casa onde morava. Logo em seguida, uma firma algodoeira do Japão se estabeleceu em Guararapes e Shoji foi contratado como comprador de algodão, trabalhando por comissão.[57]

Taketo Kosaka era um dos passageiros do Hawaii Maru, que aportou em Santos em 1928 com mais uma leva de imigrantes japoneses. Tinha então 13 anos e compunha o grupo familiar de Teiyetsu Yamamoto, marido de Tsuru Kiyoko, irmã de Taketo. Na certidão de desembarque, expedida pela Secretaria de Agricultura do Estado

56 Ciosi Takiguti. *Depoimento Sobre a Família Takiguti*. São Paulo, 1996.
57 Ibid.

Em 1938, Shoji foi trabalhar em lavoura de algodão, em Sergipe, bairro de Valparaíso. Nesse ano nasceu Clóvis (no colo da mãe, Kiku)

de São Paulo, consta que a profissão do garoto era "agricultor". Apesar de ter apenas 13 anos, já era considerado apto para trabalhar na lavoura de café. E, nessa condição, seguiu com Yamamoto e a irmã para Água Limpa. No ano seguinte, a mãe e o irmão de Taketo embarcaram no Wakasa Maru para se juntarem a ele em Araçatuba.

Mas a vocação de Taketo era para as artes. Seguindo os passos do cunhado Yamamoto, ensaiou seguir carreira como empresário do show business, expressão ousada para aqueles tempos modestos do interior. Yamamoto fez sucesso no ofício e, como agenciador de artistas, programou o retorno à terra natal. Embarcou em Santos com destino a Kobe, mas a viagem foi interrompida em Singapura, por motivos pouco conhecidos. O que se sabe com certeza é que Yamamoto regressou ao Brasil antes de chegar ao Japão e aqui viveu até 1974, quando morreu aos 60 anos de idade. Taketo Kosaka, no entanto, se firmara profissionalmente como fotógrafo. Além do casamento com Tomoko, cheio de idas e vindas, a fotografia o ligaria definitivamente à família Takiguchi, como se verá adiante.

A prole agora crescia em dobro. A cada dois anos, Rinkichi e Shizuyo ganhavam dois netos – um do casal Kiku-Shoji e outro de

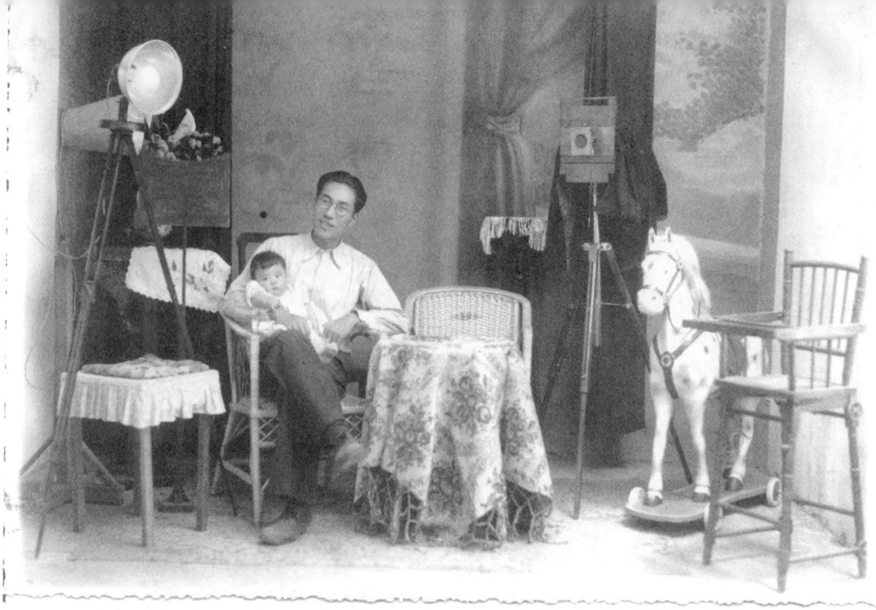

Taketo Kosaka casou-se com Tomoko e introduziu os Takiguchi no mundo da fotografia

Tomoko-Taketo. Já no final dos anos 1940, Takeshi entrou na linha de produção familiar e foi seguido, mais tarde, por Tsuyoshi e Tadashi. Com o nascimento de Clóvis, em 1938, começa para Shizuyo e Rinkichi um ritual que vai se repetir a cada parto na família. Como parteira, Shizuyo fica encarregada de assistir as noras na hora de colocar no mundo um novo rebento. A Rinkichi cabe a tarefa de escolher, com critério e sabedoria de mil anos de cultura japonesa, os nomes mais adequados para os descendentes. A partir de então, Shizuyo passou a ser *obaba* e Rinkichi passou a atender por *ojiji* – expressões que podem ser traduzidas como vovó e vovô, respectivamente.

Para os imigrantes, nomes iam muito além dos ideogramas e dos significados. Tadashi e Tsuyoshi, os dois filhos mais sociáveis de Rinkichi e Shizuyo, eram conhecidos pelos amigos brasileiros como Mário e Paulo, respectivamente. Kitico, a futura esposa de Tsuyoshi, era Dirce. E Kiyoko, a sobrinha de Kiku, que chegou ao Brasil com dois anos de idade, virou Glória. Nenhum deles e delas tinha nome brasileiro. Quando os sobrinhos se multiplicaram, Tadashi passou a ser o Tio Pequeno (óbvia alusão a sua estatura), Tsuyoshi ficou sendo o Tio Banco (por ter sido bancário do Banco Mercantil) e Takeshi virou o Tio Grandão, embora fosse de estatura diminuta como os demais. Shoji seria o Tio Bravo, esse sim, um epíteto dos mais merecidos.[58] Tadashi tinha medo da braveza do irmão mais velho. "Fui trabalhar com ele no sítio e o vi matar uma vaca, no braço. Torceu o pescoço dela e ela não se levantou mais. Era muito forte".[59]

Shoji era também persistente. Ao contrário do pai, tinha vocação para a vida rural e estava disposto a aplicar sua força de trabalho e seu potencial empreendedor no campo. Em 1944, por influência do filho mais velho, Rinkichi comprou 25 alqueires de terras de pastagens, no bairro Córrego Azul, em Araçatuba. Em suas anotações, Shoji conta que as terras faziam divisa com "a fazenda do doutor Grota". Ele relata com entusiasmo a experiência de criar gado de corte: "O senhor Tsutiya, que era meu vizinho quando morávamos em Sergipe [bairro de Valparaíso], veio residir em Guararapes. Ele me emprestava dinheiro a juros. Comecei a negociar gado".[60] Shoji gozava de boa reputação na comunidade por ser um homem trabalhador e correto, o que lhe garantia o crédito junto aos patrícios mais endinheirados. "Para o Shoji eu empresto dinheiro", dizia Tsutiya, atestando sua honestidade.[61] "Em 1946, com o lucro do negócio do gado, comprei mais 20 alqueires de terra. Cheguei a possuir 250 cabeças de gado".[62]

Araçatuba dava então os primeiros passos para se tornar conhecida como a "cidade do boi gordo", no Brasil. Em poucos anos (1952), seria inaugurado na cidade o Frigorífico TMaia, do folclórico Tião Maia, que inspirou o personagem Sinhozinho Malta, vivido pelo ator Lima Duarte na novela Roque Santeiro. Atraído pelas terras férteis e o clima propício à criação de gado de Araçatuba, esse mineiro, nascido em Passos, lá se instalara para se tornar um dos maiores pecuaristas do mundo[63], muito antes de o agronegócio se tornar o principal motor da economia brasileira.

58 Tomoko Kosaka. Depoimento ao autor. São Paulo, 2011.
59 Tadashi Takiguti. Depoimento ao autor. Americana, 2011.
60 Ciosi Takiguti. *Depoimento Sobre a Família Takiguti.* São Paulo, 1996.
61 Clóvis Takiguti. Depoimento ao autor. São Paulo, 2010.
62 Ciosi Takiguti, op. cit.
63 Em meados dos anos 1960, ele se mudou e levou seus negócios para a Austrália. Disponível em: <https://www1.folha.uol.com.br/folha/cotidiano/ult95u106433.shtml>. Acesso em: 8 de agosto de 2019.

Não seria ainda desta vez que Shoji se tornaria um fazendeiro. Quando tudo parecia caminhar bem na roça, Rinkichi o encaminhou, mais uma vez, em direção à cidade. Tadashi acabara de se tornar prático em fotografia e era preciso montar um negócio para ele e para toda a família trabalhar. Tadashi, como já dito antes, foi o único dos filhos de Rinkichi que não frequentou as aulas de japonês da Hasegawa sensei. Mas foi, também, o único que teve oportunidade de estudar. Fez o curso propedêutico, um curso básico prático, e, em seguida, formou-se na escola técnica de contabilidade de Araçatuba. Mas nunca exerceu a profissão. Preferiu aprender fotografia com o cunhado Taketo Kosaka.

Quando Tadashi deu por concluído o aprendizado, em 1946, aos 16 anos, o pai já tinha o plano de negócios pronto para ele: com o dinheiro do boi gordo, compraria uma casa em Araçatuba e montaria um estúdio e uma loja de material fotográfico. Tadashi cuidaria da parte técnica e os demais, da administração e do comércio. Rinkichi seria o gerente. "Daí Tsuyoshi e Tadashi não precisariam mais trabalhar de empregado", explicou Rinkichi a Shoji, para convencê-lo a vender as terras em Córrego Azul e liquidar o plantel de bois.[64] Tsuyoshi trabalhava, desde 1943, como bancário na agência do Banco Mercantil em Guararapes. Trabalhar em banco era considerado uma boa colocação. Tadashi ainda não tinha emprego fixo.

Vender a terra e o gado que engordava em Córrego Azul, certamente, não era a opção que Shoji faria se lhe fosse dado a oportunidade de escolher. Mas ele não contestou nem tergiversou. Uma das lições que recebera é que todo filho deve respeito e obediência aos pais. Sempre. "Fui a Araçatuba procurar um local para abrir o ateliê fotográfico", conta Shoji em seu depoimento-memória.

> Descobri, na esquina da Praça Rui Barbosa, o local mais elegante de Araçatuba, uma loja de confecções em decadência. O aluguel era de 1.200 cruzeiros, o mais valorizado da cidade. Fui conversar com o dono da loja e fechamos negócio para a compra do ponto. Voltei para casa

64 Ciosi Takiguti, op. cit.

e vendi 74 cabeças de gado por 26 mil cruzeiros. Junto com Tadashi, fomos a São Paulo comprar apetrechos para o ateliê fotográfico.[65]

Ironia do destino: a Praça Rui Barbosa era o lugar onde os compradores e vendedores de gado se encontravam para fazer seus negócios. Mas Shoji já não fazia parte daquele grupo.

O empreendimento deu certo. Os clientes começaram a aparecer desde o primeiro dia e nunca mais faltaram. Tadashi, que sabia operar as máquinas e equipamentos, era quem mais trabalhava. Tsuyoshi e Takeshi faziam os serviços gerais. A sociedade entre os três irmãos funcionou à perfeição até se encerrar, após a morte prematura de Tsuyoshi, em 1991. "Nunca vi uma sociedade dar tão certo, por tanto tempo", conta Dirce Kitico Sumida, esposa de Tsuyoshi. "Quando me casei, todas as propriedades – o Foto Ritz, a casa, a fazenda, tudo – estavam no nome do meu marido. Achei aquilo um absurdo". Então, Shoji resolveu mudar para São Paulo e precisava de dinheiro para começar vida nova. Sua parte na sociedade foi separada e a sociedade continuou com os outros três irmãos. "Meu marido me dizia: 'Você não fala nada. Já temos três para dar palpite. Se entram as mulheres, vai dar problema'".[66]

Em Araçatuba, para onde se mudou com a família em 1948, Rinkichi encontrou seu mundo. A abertura da loja de fotografia, solenemente batizada de Foto Ritz, por decisão do patriarca, com recursos da venda do sítio e do gado em Córrego Azul, administrados por Shoji, significou a inserção da família no meio urbano.[67] Shoji, no entanto, não desistira da ideia de criar boi e enricar no campo. "Depois que comecei a criar gado, sonhava em adquirir uma grande área de terra em Mato Grosso", registrou ele em suas breves memórias. Comprar terras na nova fronteira agrícola que avançava em direção ao oeste era coisa fácil. Requeria bons contatos, mas pouco dinheiro. Havia grande quantidade de terras devolutas e o governo federal tinha planos para o desenvolvimento

65 Ibid.
66 Dirce Kitico Tacakiguti. Depoimento ao autor. São Pedro, 2010.
67 Clóvis Takiguti. *Efemérides Memoráveis da Família Takiguchi*. São Paulo, 1998.

acelerado daquela região. Preocupações ambientais ainda não haviam entrado na agenda oficial e o ímpeto desenvolvimentista comandava as políticas públicas de ocupação da terra.

Shoji conta:

> Em 1952, José Torquato me ofereceu parte da terra devoluta que havia adquirido do governo. Saímos de Araçatuba em caravana no caminhão dele para Barra do Garças (MT). Comprei mil alqueires de terra por 400 cruzeiros [o alqueire], pagável em três anos. Descobrimos que ali tinha mais terra devoluta. Foram umas sete pessoas e todas elas requereram terra devoluta. O governo permitia a compra por pessoa de até 10 mil hectares, ou seja, 4 mil alqueires. A pessoa fazia o requerimento e ia pagando as parcelas. Chegou o último Edital de pagamento e eu não tinha dinheiro para pagar. Fiquei uma semana sem dormir, pensando em como ia arrumar o dinheiro para pagar essa parcela. No fim, vendi pequena parte da terra e quitei a prestação. Fiquei surdo por causa deste problema. Em 1955, terminei de pagar as parcelas e recebi a escritura definitiva do governador do estado de Mato Grosso, Fernando Correa da Costa. Frederico Rondon, neto do famoso marechal Rondon, foi o engenheiro que fez a medição da minha terra. Ele também era proprietário de uma terra divisando comigo na parte de campos. Nessa época, 2% da arrecadação de impostos do Brasil era destinada ao financiamento do programa de ocupação da Amazônia Legal. Eu e Rondon combinamos requerer financiamento para começar a abrir a fazenda. Fiz planos de mudar para Barra do Garças no início de 1956.

Barra do Garças havia se emancipado em 1948 e se orgulhava, então, de ser o município de maior extensão territorial do mundo. Orgulhava-se também de ser a porta de entrada da Amazônia Legal. Vivia a excitação provocada pelo programa de colonização promovido pelo governo federal. Além da cobiça pela terra, uma lenda sobre a existência de diamantes na região atraía levas de aventureiros. A área era, então, povoada pelos povos indígenas Bororo e Xavante, ambos de espírito aguerrido. Por ali, passara, em 1941, a Expedição Roncador Xingu, a ponta de lança da Marcha para o Oeste, determinada pelo governo Getúlio Vargas com vistas à ocupação do Centro-Oeste. A ela se incorporaram os irmãos Vilas Boas, os mais célebres indigenistas do Brasil, que mais tarde criariam, como extensão desse projeto, o Parque Nacional do Xingu, que haveria de se tornar a mais conhecida Terra Indígena do país. Aquele, pensou Rinkichi, não era o ambiente ideal para a criação de uma família de boa índole como a sua.

> Papai era contra comprar terra em Mato Grosso. [...] Um dia ele me chamou e disse que eu estava querendo ir para Mato Grosso, abrir fazenda e, futuramente, ser um grande invernista. Ele não concordava com eu levar a criançada para residir no meio dos índios. Preferia ter os filhos com estudo a ter fazenda. Disse-me que eu poderia decidir por mim, estava apenas transmitindo o pensamento e a recomendação dele. Não dormi a noite toda, pensando. No dia seguinte, decidi me mudar para São Paulo. Eu disse para todo o pessoal da casa: "Vou mudar para São Paulo, sem dinheiro e sem profissão. Vou tentar até onde puder, não tenho certeza de dar faculdade para todos os filhos e filhas". Saí de Araçatuba rumo a São Paulo no dia 20 de janeiro de 1956.[68]

Ironia do destino: 70 anos mais tarde, uma neta de Shoji, Maíra, filha de Alice, se tornaria técnica indigenista da Funai e iria morar em Barra do Garças, para trabalhar com os índios Xavante.

Shoji, mais uma vez, voltou atrás na decisão que havia tomado, sem questionamentos, em consideração à vontade do pai. Em vez disso, fez um rápido balanço de sua vida como empreendedor, que não favorecia a visão paterna para os negócios. "Com 40 anos de idade, tive duas oportunidades de ganhar dinheiro. Uma, quando fui para Sergipe (bairro de Valparaíso, SP). Se continuasse, em cinco anos faria um bom patrimônio. Outra, em Córrego Azul, quando criava gado. Com o lucro do negócio, em três ou quatro anos, comprei 20 alqueires de terra". Nas duas oportunidades, foi o pai que interrompeu seu avanço nos negócios. Mas isso Shoji não falou nem disse. Em vez de lamentar a perda de mais uma oportunidade com o aborto dos planos para se instalar em Mato Grosso, comemorou o preço da liberdade: "Nesta data fiquei independente".[69]

68 Ciosi Takiguti. *Depoimento Sobre a Família Takiguti*. São Paulo, 1996.
69 Ibid.

滝口林吉

Talvez Ichiro tenha
morrido na guerra.
Se morreu, morreu
honrando o país
e o imperador.

Rinkichi Takiguchi. *Carta a Tome, Ichiro e Tamayo.*
São Paulo, 1945.

CAPÍTULO 6

A guerra do Japão

(1941-1947)

A Primeira Guerra Mundial (1914-1918), na qual o Brasil só entrou ao final e o Japão atuou ao lado dos aliados vitoriosos, também de forma periférica, não teve, praticamente, repercussão na recém-implantada colônia de imigrantes japoneses no país. Rinkichi, que aqui chegara um ano antes do início do conflito, não faz menção ao fato em suas memórias. Já a Segunda Guerra (1939-1945) teve participação ativa do Brasil e um protagonismo de ator principal do Japão, agora cerrando fileiras ao lado do eixo nazifascista formado por Alemanha e Itália. O detalhe complicador era que, desta vez, os dois países estavam de lados opostos, com graves consequências para os súditos do Sol Nascente estabelecidos em terras tupiniquins.

E Rinkichi não ficou indiferente ou imune aos desdobramentos da guerra. Muito pelo contrário. O conflito mundial o atingiu duplamente: como cidadão japonês e pai de Ichiro (30 anos de idade no início do conflito, alistado para combater pelo exército imperial); e como japonês residente no Brasil, considerado então um país inimigo de sua pátria. Foi neste momento de conflito internacional e pessoal que Rinkichi acabou por deslindar o dilema que o afligiu por cerca de 40 anos: voltar ao Japão, onde nascera, ou viver para sempre no Brasil, que o acolhera. A situação da colônia japonesa seria agravada ainda pela cisão trágica ocorrida em seu seio e que prolongou o conflito interno por quase uma década.

Em novembro de 1945, três meses após o final da Guerra para o Japão, Rinkichi escreveu uma carta à parte da família que ficara em Shinichi, Hiroshima. A missiva foi endereçada nominalmente a Tome Takiguchi, sua mãe, que deveria ter então 78 anos; a Ichiro, o filho mais velho, que deixara no Japão com 2 anos de idade ao partir para o Brasil em 1913; e a Tamayo, a mulher com quem Ichiro se casara.

Logo em sua terceira frase, Rinkichi revela a profunda angústia que invade seu coração: "Saudosa mãe, filho Ichiro e nora Tamayo, gostaria de saber sobre Ichiro, que foi convocado para o exército. Talvez tenha morrido na guerra. Se morreu, morreu honrando o país e o Imperador. Aqui no Brasil, minha família, os filhos e os netos, todos os dias rezavam para que o Japão ganhasse a guerra e Ichiro voltasse com vida". Não foi o que aconteceu.

Quando a carta chegou ao Japão, apenas a nora Tamayo estava viva. A mãe Tome morrera em 15 de outubro de 1941, aos 74 anos; e Ichiro caíra no front de batalha, aos 32 anos. Como o pai, Hikotaro Takiguchi, falecera em 24 de setembro de 1918, aos 53 anos de idade e cinco anos após sua partida para o Brasil, Rinkichi já não tinha ascendentes ou descendentes diretos no Japão. A morte do pai, perdida na distância e no desconhecimento, marcou-o profundamente, como deixou anotado em outra carta destinada aos filhos Shoji e Takeshi, escrita em 1959:

> Perdi meu pai muito cedo. Eu era jovem e sofri muito. Via a minha vida como uma escuridão enquanto fracassava várias vezes, tropeçando com negócios malsucedidos. Nessas ocasiões pensava no meu falecido pai. Nessa época a minha mãe ainda estava viva. Ela me educou com muito amor e conceito moral. Devido a essa formação, eu levantava várias vezes. Sempre que eu encarava a dificuldade, meus pais enchiam de luz o meu coração. O amor e respeito aos meus pais vivem eternamente na minha alma. Todos os dias, em frente ao *butsudan*[70], eu agradeço e rezo de mãos postas, em reverência, no modo budista.[71]

70 Oratório que os budistas mantêm em suas casas para orações diárias.
71 Rinkichi Takiguchi. *Carta para Shoji e Takeshi*. São Paulo, 1959.

Entre uma convocação e outra para o exército imperial, Ichiro casou-se com Tamayo

A vida não sorriu para Ichiro. Com dois anos de idade, ele viu o pai partir para nunca mais voltar. Um ano depois, a mãe também partiu. Foi deixado para trás em obediência à tradição japonesa, que dá ao filho mais velho o direito e o dever de preservar a memória dos ancestrais e de zelar pelo patrimônio familiar. Foi criado pelos avós paternos, Hikotaro e Tome. Mais pela avó, já que o avô morreu antes que ele completasse dez anos de idade.

O pai, no Brasil, nunca o esqueceu. Sempre que conseguia juntar um dinheiro extra, enviava para o filho, no mesmo envelope em que seguia uma carta com as notícias da família. Conta-se que um vizinho descobriu que a correspondência continha valores e ficava na frente da casa esperando sua chegada para se apossar do dinheiro.[72] A mãe, Shizuyo, carregou pela vida inteira a dor da separação abrupta e precoce. Resignada e conformada, como uma autêntica mulher japonesa, guardou em silêncio o trauma que aquela violência lhe causou na alma. Em seus últimos dias de vida, o inconsciente denunciou a dor oculta por 70 anos. Nos delírios da agonia em seu leito de morte, ela clamava pelo filho que gerou e nunca pôde criar.[73]

Com 16 anos, Ichiro já estava participando do esforço bélico japonês, uma vez que fora convocado para integrar o exército imperial de ocupação da Manchúria, fruto das guerras expansionistas do Japão contra a Rússia e a China, no início do século 20. Voltou com vida, a tempo de se casar com Tamayo. O casal não chegou a ter filhos. Em nova convocação, já na Segunda Guerra Mundial, foi destacado para lutar em Guadalcanal, no arquipélago das Ilhas Salomão, nas proximidades da Austrália.

Os japoneses, que haviam ocupado as ilhas em maio de 1942, logo após o ataque à base americana de Pearl Harbor, foram surpreendidos pelos desembarques massivos de soldados americanos, três meses depois. Entre agosto e novembro de 1942, o exército japonês empenhou todas suas forças disponíveis para

72 Tomoko Kosaka. Depoimento ao autor. São Paulo, 2011.
73 Ibid.

repelir o avanço dos invasores. As tentativas resultaram em três grandes batalhas terrestres, cinco batalhas navais e contínuas batalhas aéreas nos céus das Ilhas Salomão até novembro, quando o último esforço japonês para desembarcar mais tropas na ilha foi derrotado pelos americanos. No mês seguinte, os japoneses abandonaram de vez as tentativas para retomar o aeroporto e conseguiram evacuar com sucesso a maior parte das tropas que ainda lutavam em Guadalcanal, deixando definitivamente a ilha em mãos norte-americanas em 7 de fevereiro de 1943.

A partir de Guadalcanal, a Guerra do Pacífico, até então marcada pelo avanço das tropas japonesas, veria a ofensiva militar passar definitivamente às mãos dos Aliados, até a rendição do Japão em agosto de 1945. Ichiro morreu no dia 30 de janeiro de 1943, sete dias antes do final dos combates na ilha. Para Rinkichi, foi um herói. "Nessa guerra, entendo que vocês lutaram, arriscando a vida pelo país".[74]

Menos heroicos, mas igualmente dramáticos foram os acontecimentos ligados à guerra protagonizados pelos imigrantes japoneses no Brasil. Rinkichi teve bom senso para escolher o lado certo do conflito e para não se envolver diretamente nele. No dia 13 de agosto de 1941, chegou ao porto de Santos o navio Buenos Aires Maru, trazendo a bordo 417 imigrantes. Aqueles seriam os últimos dos 190 mil japoneses que ingressariam no Brasil desde 1908, ano da histórica viagem do Kasato Maru, até 1953, quando só então seria retomado o fluxo migratório entre os dois países. Questões ideológicas, como o ímpeto nacionalista que irrompia com força total tanto no Japão como no Brasil, e políticas, como o alinhamento divergente dos dois países na Segunda Guerra Mundial, vinham criando restrições à imigração desde 1934 e resultaram em sua total interrupção naquele 1941.

Os antagonismos nas relações bilaterais impuseram dificuldades adicionais para os japoneses residentes no Brasil e seus

74 Rinkichi Takiguchi. *Carta a Tome, Ichiro e Tamayo*. São Paulo, 1945.

descendentes. Um decreto de 1937 do governo Getúlio Vargas proibiu o ensino de língua estrangeira a menores de 14 anos. No ano seguinte, as escolas pertencentes a cidadãos oriundos da Alemanha, Itália e Japão foram fechadas. Historiadores da imigração japonesa afirmam que "a série de medidas nacionalizadoras adotadas pelo Estado Novo na segunda metade da década de 1930, exerce crescente pressão psicológica sobre a vida do imigrante, que aos poucos começa a pensar em abandonar o Brasil e em procurar viver sob a proteção da bandeira do Sol Nascente".[75]

Um levantamento feito por encomenda da representação diplomática japonesa em Bauru, com 12 mil imigrantes na região noroeste de São Paulo, mostrou que 85% dos entrevistados se disseram dispostos a retornar ao Japão e apenas 10% em continuar vivendo no Brasil; outros 5% não tinham opinião formada sobre o assunto. Entre os que disseram querer o regresso à terra natal, 60% eram constituídos de nisseis e jun nisseis (quase nisseis), filhos de japoneses que haviam nascido no Brasil ou haviam imigrado ainda crianças.[76] A par das más notícias locais, os imigrantes eram seduzidos pelas mensagens ufanistas que chegavam do Extremo Oriente dando conta dos triunfos militares do Japão nas guerras contra a Rússia e a China e da construção da Esfera de Coprosperidade da Grande Ásia Oriental, um projeto de expansão imperialista posto em marcha pelas autoridades militares japonesas.

Em janeiro de 1942, o governo brasileiro rompeu relações diplomáticas com os países do Eixo, inclusive o Japão. No dia 19 de janeiro, a Superintendência da Segurança Pública de São Paulo baixou um edital para "regulamentar a atividade dos estrangeiros naturais dos países do Eixo". O documento estabelecia, para os nativos da Alemanha, Itália e Japão, a proibição de divulgação de

75 MIYAO, Susumu; YAMASHIRO, José. Período em branco na corrente imigratória e os distúrbios na comunidade japonesa. In: *Uma Epopeia Moderna*: 80 anos de Imigração Japonesa no Brasil. São Paulo: Hucitec, Sociedade Brasileira de Cultura Japonesa, 1992. p. 248.

76 Ibid., p. 249.

qualquer escrito nos idiomas das respectivas nações; de falar esses idiomas em lugares públicos; de cantar seus hinos nacionais; de exibir o retrato de autoridade desses países; de se reunir, ainda que em casas particulares, para comemorações, mesmo que de caráter privado; de trocar ideias em locais públicos. Estavam ainda proibidos de viajar de avião, de mudar de casa e precisavam de um salvo conduto para se deslocar de uma cidade para outra.

Foi emitida ordem para que regiões de concentração de imigrantes, como a Rua Conde de Sarzedas, fossem evacuadas. Outra ordem determinou o afastamento de japoneses do litoral paulista. Mais de 1.500 imigrantes foram retirados de suas casas e levados para a Hospedaria do Imigrante, em São Paulo. Caçados pela polícia, refugiaram-se, por conta própria, nas casas de parentes e amigos na capital e no interior. Seus bens foram congelados e assim permaneceram até 1950.

O clima de tensão e opressão levou a uma profunda cisão entre os imigrantes japoneses. De um lado ficaram os que ansiavam pelo retorno à pátria, acreditavam no projeto da Grande Ásia Oriental e entendiam que era seu dever agir em prol da vitória do Império do Sol Nascente. Do outro lado se posicionaram aqueles que preferiam tocar a vida em frente no país que tinham escolhido como seu.

Em maio de 1945, a Alemanha nazista se rendeu e a Guerra terminou na Europa. Um mês depois, o Brasil declarou guerra ao Japão, que continuava a luta no Pacífico. Intensos bombardeios das forças aliadas praticamente destruíram a capital japonesa. No dia 6 de agosto, os Estados Unidos lançaram a primeira bomba atômica sobre Hiroshima e, três dias depois, outra sobre Nagasaki. No dia 14 de agosto de 1945, o imperador Hiroíto anunciou a rendição do Japão.

A notícia do lançamento da mais mortífera arma de guerra já utilizada pelo ser humano só chegou ao conhecimento dos imigrantes no Brasil no dia seguinte. Tadashi Takiguchi, que tinha então 25 anos, se lembra bem de como tomou conhecimento do fato: "Estava voltando da escola, quando ouvi contarem que os americanos tinham soltado uma bomba que acabou com um quarteirão. Foi assim que fiquei sabendo que tinham usado a bomba atômica pela primeira vez. E que, em vez de um quarteirão, tinham acabado com uma cidade inteira".

Além de segregar a colônia da sociedade brasileira, o envolvimento do Japão na guerra causou um impacto desestruturante no interior da comunidade *nikkei*, dividindo-a ao meio e jogando uma parte contra a outra. De um lado ficaram os *kachigumis*, ou "vitoristas", grupo que defendia a supremacia nipônica e tratou de importar a seu modo a guerra do Pacífico para o Brasil. Empenhou-se em negar a derrota das forças imperiais na guerra. Reunia a parte da colônia que teve mais dificuldades de adaptação ao Brasil e ansiava pelo retorno ao Japão. Do outro, se colocaram os *makegumis*, ou "derrotistas", ou ainda "esclarecidos", gente que aceitou a realidade da derrota. Eram, por isso, considerados traidores pelo outro lado e chamados de "corações sujos". Congregava a parcela de imigrantes mais próspera e mais bem informada.

Movidos por um sentimento nacionalista arraigado, os vitoristas agruparam-se em organizações radicais para defender sua bandeira e combater os dissidentes. Em 1942, o coronel reformado do Exército Imperial japonês, Junji Kikawa, de 67 anos, fundou em São Paulo uma dessas associações. Batizada de Shindoo Renmei (Liga do Caminho dos Súditos), a sociedade abriu filiais em 64 cidades de São Paulo e do Paraná e chegou a contar com mais de 100 mil adeptos. Para o coronel e seus seguidores, uma derrota do Japão era impossível, como atestavam 2.600 anos de história de muitas guerras, todas vencidas pelas forças do Império do Sol Nascente. As notícias vindas dos Estados Unidos que falavam da rendição japonesa, portanto, só poderiam ser fruto da propaganda enganosa dos aliados. Era preciso contra-atacar.

A mais difundida arma de guerra utilizada pelos fanáticos era a informação. A leitura diária de jornais era um hábito arraigado entre os imigrantes e servia para mantê-los unidos e, ao mesmo tempo, inteirados do que acontecia do outro lado do mundo. Em 1916 foi lançado o *Nippak Shimbun* (Jornal Nipo-Brasileiro), que, por falta de tipografia apropriada, era escrito à mão. Pela época da guerra, havia pelo menos sete publicações diárias e mais de uma dezena de revistas. Os jornais, superada a fase artesanal inicial, somavam tiragens de cerca de 100 mil exemplares. Seu noticiário estava profundamente envolvido no clima de nacionalismo que então assolava as duas pátrias dos imigrantes. Além de notícias locais e internacionais, publicavam anúncios de oportunidades de negócio no campo e classificados de emprego para os colonos.

Numa antecipação do fenômeno que décadas mais tarde seria conhecido como *fake news*, os *kachigumis* deflagraram uma campanha para convencer o mundo, em geral, e os *nikkeis*, em particular, de que o Japão havia vencido a guerra. Falsificavam jornais, revistas e até mesmo documentos oficiais para provar sua versão dos fatos. Um manifesto falsificado, com assinatura do imperador Hiroíto e data posterior à rendição, difundido por eles, dizia: "Forças de terra e mar prosseguem na guerra". A Rádio Bastos, uma das muitas emissoras piratas criadas pela organização, emitia boletins sobre o andamento da guerra, sempre com notícias do avanço das tropas japonesas. Em um destes informes noticiou a rendição de 7,5 milhões de soldados americanos, a nomeação de um novo presidente dos EUA pelo imperador japonês e a conquista da cidade de São Francisco, na Califórnia.

Entre janeiro de 1946 e agosto de 1947, uma série de atentados resultou na morte de 24 pessoas e ferimentos em outras 150. Os autores dos crimes eram jovens identificados com as ideias dos vitoristas e as vítimas eram pessoas influentes da comunidade conhecidas por serem derrotistas. A onda de violência acabou contaminando a população em geral e reforçando seus preconceitos contra os estrangeiros. O auge do sentimento antinipônico ocorreu em 1946, em Osvaldo Cruz, no interior paulista,

Em viagem ao Japão em 1968, Carlos Iwao, neto de Rinkichi, visitou Tamayo em Shinichi.

quando, num incidente de rua, um imigrante japonês matou um motorista de ônibus brasileiro. Revoltada, a população da cidade saiu à caça de todo japonês que visse pela frente.

A imprensa repercutiu a turbulência da comunidade de imigrantes. "Afirmam que o Japão ganhou a guerra e querem eliminar os que se convenceram da derrota", sintetizou em manchete o *Correio Paulistano* de 3 de abril de 1946. "Fanatismo nipônico – Descoberta uma sociedade secreta japonesa", anunciou *O Estado de S. Paulo* em 4 de abril. "Prisões em massa na madrugada. Desarticulação total da Shindoo Renmei em São Paulo", informava a *Folha da Noite* em 5 de abril.

O movimento repercutiu também na Assembleia Constituinte, que votava por aqueles dias a nova Constituição brasileira.

A Emenda 3.165, apresentada pelos deputados Miguel Couto Filho e José Augusto Bezerra de Medeiros, determinava a proibição sumária da imigração de japoneses para o Brasil. A emenda recebeu 99 votos a favor e 99 contra. O deputado Mello Viana, presidente da Constituinte, deu o voto de minerva, contra a emenda, que só assim foi rejeitada.

Os tumultos provocaram uma forte repressão policial e a intervenção do Exército. Segundo a polícia, mais de 30 mil nipo-brasileiros foram investigados e 387 acabaram identificados criminalmente. A Shindoo Renmei foi apontada pela polícia como a patrocinadora dos atos terroristas. Historiadores, como Osamu Toyama, negam a vinculação da organização com os atentados. Tokuichi Hidaka, um dos condenados pelo assassinato do coronel Jinsaku Wakiyama em 1946, sempre sustentou que agiu em nome próprio, movido pelo sentimento de patriotismo.[77] Não há como negar, porém, que a ideologia e o discurso da organização estavam na raiz dos atentados.

Apesar da sede de sangue, os *tokotais*, como eram conhecidos os executores das sentenças de morte, estavam longe do perfil de um terrorista moderno. Do ponto de vista técnico, boa parte dos atentados que tramaram falhou por falta de competência. Num dos primeiros ataques, em abril de 1946, em São Paulo, cinco jovens desferiram rajada de balas contra o ex-diplomata Shiguetsuma Furuya. Estavam a menos de 10 metros do alvo, mas conseguiram errar todos os 17 tiros disparados. Uma bomba plantada na casa do engenheiro Yutaka Abe, em Osvaldo Cruz, no interior de São Paulo, em julho do mesmo ano, foi colocada no quarto errado e sua explosão só causou danos materiais.

Fiéis às tradições que defendiam, os executores dos atentados intimavam suas vítimas a se suicidarem e se redimirem da desonra de terem traído a pátria. Só em caso de negativa à ordem – e não se sabe de nenhum caso de alguém que tenha acatado a

77 Declarações de Okuichi Hidaka para o filme Yami no Ichinichi – *O Crime que Abalou a Colônia Japonesa no Brasil*, de Mario Jun Okhuhara.

intimação – é que eles decidiam executar o alvo. Embora cientes de que seu ato violava as leis brasileiras, os *tokotais* não se sentiam moralmente culpados. Por isso, após cada atentado bem-sucedido, que consideravam uma missão patriótica, entregavam-se à polícia sem oferecer resistência. Incapazes de entender o que estava acontecendo e pressionadas pelo clamor popular, as autoridades acusaram a Shindoo Renmei pelos atentados.

Naquele que ainda hoje é o maior processo da história da justiça paulista, em agosto de 1946, 170 *nikkeis* vitoristas foram levados a julgamento e condenados à prisão e à expulsão do país. Eram dirigentes da Shindoo Renmei ou militantes envolvidos em atentados. Enviados para a prisão na Ilha Anchieta, no litoral norte paulista, ficaram aguardando a execução da pena de deportação a que haviam sido condenados. O decreto presidencial de expulsão foi assinado no dia 11 de agosto, mas a ordem nunca foi cumprida. Em 13 de agosto de 1958, o juiz Dagoberto S. C. Camargo declarou a prescrição da punibilidade dos réus.

A cizânia provocada por vitoristas e derrotistas chegou a Araçatuba, onde moravam os Takiguchi. Embora atos de violência não tenham ocorrido na região, conta-se que os dois templos budistas da cidade foram cooptados pelas diferentes facções. O Nishi Honganji, fundado em 1951, seria frequentado por vitoristas ou *kachigumis*; e o Higashi Honganji, que é de 1954, por derrotistas ou *makegumis*. Rinkichi frequentava o Higashi.[78] E era derrotista. Ou esclarecido, como se autodefiniam os adeptos do grupo.

Em sua carta de 1945, para os familiares no Japão, Rinkichi esclarece o que pensava em relação à Guerra no Pacífico e à guerra particular de vitoristas e derrotistas no Brasil. "Confiávamos na vitória do Japão", admite ele, contrariando a impressão criada pelos vitoristas de que os esclarecidos fossem contrários às pretensões nipônicas ou traidores da pátria. Eles apenas aceitaram a

78 Dirce Kitico Tacakighuti. Depoimento ao autor. São Pedro, 2010.

derrota do Japão, como explica Rinkichi: "No dia 14 de agosto de 1945, o imperador anunciou pelo rádio o pedido para que se terminasse a guerra, porque milhares de pessoas estavam morrendo, sofrendo e passando fome. Sensível à dor do povo japonês, imediatamente anunciou a decisão de terminar a guerra. Assim o Japão perdeu a guerra".

Prossegue na tentativa de encontrar uma explicação para a derrota japonesa, que, para ele, como para qualquer japonês, era dolorosa e difícil de ser aceita. "Na verdade, os americanos agiram contra a lei, usando a bomba atômica, e só assim conseguiram dominar o Japão". Se fosse uma guerra convencional, como a guerra contra a Rússia, o Japão teria vencido, acreditava Rinkichi. Mas, com a bomba atômica, a continuidade das ações ficou insustentável. "O imperador japonês desejava a paz mundial e paralisou a guerra".[79]

Na carta aos familiares, Rinkichi trata também do impacto da guerra sobre a colônia japonesa no Brasil.

> Na época, metade da colônia japonesa não acreditava na derrota. Assim, muitas pessoas festejavam e hasteavam bandeiras japonesas; em seguida, vinha a polícia e as prendia. A maioria pensava que o governo japonês estava providenciando o envio de um navio para vir buscar os imigrantes japoneses e, dentro desse pensamento, agricultores nem plantavam mais e viviam folgados e vagabundeando. No interior de São Paulo, em sítios e chácaras, havia pessoas que vendiam por preço alto jornais japoneses com notícias distorcidas sobre o Japão, enganando a colônia japonesa. A polícia descobria e os prendia. Quem pensava que o Japão tinha vencido a guerra pretendia voltar para o Japão. Quem pensava que o Japão tinha perdido, era considerado "não patriota". Assim, ocorriam muitas discussões, xingamentos e brigas dentro da colônia japonesa. As lojas dos "não patriotas" eram discriminadas e, em represália, os que acreditavam na vitória não entravam e não compravam [...] Alguns estrangeiros, entre os quais os japoneses, tiveram proibição

79 Rinkichi Takiguchi. *Carta a Tome, Ichiro e Tamayo*. São Paulo, 1945.

de locomoção. Além disso, houve matança. A polícia de São Paulo prendeu muita gente, que era enviada para uma ilha.

Rinkichi faz a ressalva de que ele e sua família conseguiram passar incólumes pela tempestade:

> Registrei o meu comércio como brasileiro e não tive problemas. Graças a Deus, comigo não aconteceu nada, pois já estava há muito tempo no Brasil. Além disso, falo o idioma, meus filhos são brasileiros e são bem conhecidos pelo pessoal daqui. Eles têm relacionamento com a polícia e com os militares e, por isso, eram até chamados para ajudar a esclarecer alguma confusão.

Ele conclui dando sua posição pessoal sobre o episódio: "Eu acredito que isso só aconteceu por falta de cultura e de civilização. Japoneses com pensamento pretensioso e desconhecimento cultural em relação aos Estados Unidos provocaram e perderam a guerra".[80] Menos sorte tiveram Taketo Kosaka, o genro de Rinkichi, e seu cunhado Teiyetsu Yamamoto. Taketo foi flagrado falando japonês numa rodinha de amigos na rua e levado preso para a ilha Anchieta. Pelo mesmo motivo, Yamamoto também foi preso e levado para Santos.[81]

Foi no decorrer desses acontecimentos que Rinkichi consolidou a decisão de fazer do Brasil a sua segunda pátria. "O Brasil é um país atrasado culturalmente, mas para se viver é o melhor lugar. O país é enorme, as pessoas são amáveis. Talvez não exista no mundo lugar melhor do que aqui. [...] Tenho vontade de voltar para o Japão, mas neste momento, a situação lá também é ruim. Por isso, acredito que a minha vida continuará sendo aqui no Brasil"[82], escreveu ele na carta à família no Japão. A decisão de Rinkichi continuar morando no Brasil parecia tão sedimentada que ele aventou a possibilidade de trazer o resto da família. "Se houver dificuldade de vida no Japão, eu estou pensando em chamar vocês para o Brasil".

---

80 Ibid.

81 Tomoko Kosaka. Depoimento ao autor. São Paulo, 2011.

82 Rinkichi Takiguchi. *Carta a Tome, Ichiro e Tamayo*. São Paulo, 1945.

Para a única destinatária que sobreviveu para ler a carta, a proposta de mudança para o outro lado do mundo voltou a ser feita de forma bem explícita. Quando tomou conhecimento da morte de Ichiro, Rinkichi propôs à nora que viesse para o Brasil. Como bom promotor de *miai*, ofereceu a ela que se casasse com um dos filhos solteiros. Takeshi rejeitou a proposta, levando em conta a idade da pretendente. Ele tinha 25 anos. Ela, não menos de 30. Outra versão da história diz que Tamayo exigiu passagem de avião para viajar, um luxo para a época, e Rinkichi não teria considerado razoável.

Em 1968, quando visitou o Japão, Carlos Takiguchi, neto de Rinkichi, e sua mulher, Yolanda, estiveram em Shinichi, onde se encontraram com Tamayo. Nesta mesma viagem, Carlos esteve com Yoichi Takiguchi, o tio de Rinkichi que com ele emigrara para o Brasil em 1913. Yoichi, que era apenas oito anos mais velho que Rinkichi, estava gravemente doente.[83]

83 Carlos Taquiguthi. Depoimento ao autor. São Paulo, 2011.

滝口林吉

Estou feliz.

Imigrei para cá

e o tempo passou.

Aqui é a minha terra.

Rinkichi Takiguchi. *Diários*. Tradução de Yoneko Toma e Hajime Kato. São Paulo, 1961-1962.

CAPÍTULO 7

Minha terra

(1948-1966)

A frase, em forma de poesia e em tradução livre, está perdida em um dia qualquer de um ano qualquer do diário de Rinkichi Takiguchi. Mas pode ser aplicada, com toda propriedade, para o dia em que ele se mudou para a cidade de Araçatuba. O ano era 1948. Até então, sua vida tinha sido uma sucessão de fracassos, tanto no campo dos negócios como no aspecto físico, da saúde corporal. Em outra parte de seu diário, em maio de 1962, ele anotou: "Imigrei para o Brasil em 1913. Saí do Japão em 5 de março, chegando a Santos no dia 7 de maio. Sofri muitas dificuldades". E passa a enumerá-las: em 1914, contraiu tifo; em 1918, uma geada destruiu a lavoura de café que arrendara; em 1919, Shizuyo contraiu tracoma e ficou de cama por dois anos; em 1932, o próprio Rinkichi pegou malária e ficou doente por três anos; em 1942, sofreu nefrite.[84]

Ele não conta, mas poderia acrescentar que teve de fugir da fazenda para a qual foi levado tão logo chegou ao Brasil, tais eram as condições degradantes de trabalho. E, ainda, que tentou o trabalho doméstico em São Paulo, a lavoura de arroz e de algodão, além do café e a criação de gado, mas que, por um motivo ou outro ou até por opção pessoal, nada fora para frente. Sem contar as perdas familiares por morte, lista que inclui um filho, morto na guerra, uma filha ainda bebê, além do pai e da mãe.

84 Ibid.

Em carta aos filhos Shoji e Takeshi, de 1959, ele admitira "que fracassara várias vezes, tropeçando muito com negócios malsucedidos". Mas cada vez que caía, vinha uma luz a iluminar seu caminho para que ele se levantasse outra vez.[85]

Acabara de se mudar de Guararapes, onde, por 15 anos, mourejou atrás do balcão de um armazém de secos e molhados. Mas chegava para se instalar em Araçatuba sem a sensação de fracasso dos outros recomeços. A atual mudança era fruto de um plano bem arquitetado e pago à vista. Por certo, Shoji não deveria estar feliz com a solução encontrada pelo pai, mas fazia parte do papel de primogênito arcar com as consequências. Era forte o suficiente para enfrentar a parada que ele próprio escolheria dentro de alguns anos: mudar-se para São Paulo e criar, na cidade grande, os filhos, que Rinkichi temeu que crescessem no meio dos índios de Mato Grosso. Sim, Shoji era capaz.

A mudança para Araçatuba significaria, efetivamente, uma virada de página na vida de Rinkichi, em particular, e dos Takiguchi, em geral. Para ele, era a oportunidade de corrigir o erro que a história e as autoridades de migração do Japão e do Brasil lhe impuseram: o de transformar um cidadão nascido e criado no meio urbano do Japão em um trabalhador rural no inóspito campo agrícola do Brasil do início do século 20.

Em todos os fracassos na lavoura que Rinkichi se atribui ao longo de 35 anos, transparece muito mais a resistência em seguir naquele ofício para o qual não fora talhado do que a incapacidade de

Em 1948, Rinkichi se muda para Araçatuba e abre o Foto Ritz na principal praça da cidade

85 Ibid.

à Domicilio
RITZ
RIT
SERVIÇOS ESP
CASAMENTOS BA
AMPLIAÇÕE
FOTOS AMA
Kodak
Film

executá-lo a contento. Tanto assim é que, de fracasso em fracasso, Rinkichi progrediu e subiu na escala social e econômica. Do início, como trabalhador rural em situação análoga à escravidão, passou a arrendatário; daí, a meeiro; e, finalmente, a proprietário de terra. Na cidade, começou como dono de um modesto bar em Guararapes, que então não passava de um loteamento no meio do nada, e agora era um pequeno empresário em Araçatuba, um polo regional, a capital brasileira do boi gordo. Enfim, um cidadão urbano, como em suas origens e como sempre quis que fosse seu destino.

A loja de fotografia teve um papel fundamental na sua história de superação. Foto Ritz – "bonito nome", deve ter pensado ele. Em plena Praça Rui Barbosa, no coração da cidade, o melhor ponto de venda. O jovem Tadashi se preparara para tirar as fotos e revelar as cópias. "Eu tinha aprendido a trabalhar com fotografia. Só eu sabia fazer as coisas, os outros ficavam olhando. Nessa época eu trabalhei muito. O pessoal não aguentava e ia dormir. Eu ficava trabalhando sozinho"[86], conta Tadashi. Tsuyoshi e Takeshi haveriam de ser os ajudantes. E ele, Rinkichi, o gerente geral.

Gostava do trabalho e da posição no organograma da empresa, que lhe dava oportunidade de lidar com pessoas, certamente uma de suas mais apreciadas qualidades humanas. Tinha também a chance de trabalhar em equipe com a família, que era uma de suas grandes preocupações. Esse, por sinal, foi o motivo que o levou a pedir que Shoji vendesse o sítio e o gado: montar um negócio que proporcionasse ocupação e sustento para todos da família. Os irmãos formaram uma sociedade que, apesar de associar parentes, duraria enquanto atendeu às necessidades dos sócios.

No papel, o dono era Tsuyoshi. Tadashi era o técnico. Os filhos ficavam no fundo fazendo fotos, revelando, mas quem mandava era o patriarca.[87] No Foto Ritz, Rinkichi reinava como o imperador do Japão. Às 8 horas, abria a loja. Sua pontualidade servia de relógio para os vizinhos. Durante o dia, atendia no balcão, entregava as

86 Tadashi Takiguti. Depoimento ao autor. Americana, 2011.
87 Dirce Kitico Tacakiguti. Depoimento ao autor. São Pedro, 2010.

Tadashi, o caçula, foi especialmente preparado para comandar o estúdio fotográfico da família

fotos encomendadas, recolhia os negativos para serem revelados. Escrevia recados, que colava pelas paredes, num português que ficava muito a dever ao capricho com que desenhava os ideogramas em *kanji*: "garampo" era grampo e "jijastro" queria dizer desastre.[88] Quando o movimento permitia, dava uma escapada até a praça. Logo se formava uma roda para ouvir suas histórias. "Ele era um ótimo contador de causos", diz Tadashi. "Não contava casos da família, mas as histórias do Japão, de guerreiros e samurais. Falava de nomes que, mais tarde, eu iria ver nos filmes que assistia no cinema ou na televisão".[89]

Único de seus empreendimentos que não resultou em fracasso, segundo sua visão rigorosa dos negócios, o Foto era motivo de grande satisfação para Rinkichi, como ele deixou anotado em seu Diário:

> 21 de maio de 1961. Hoje é domingo, mas mesmo assim abri, sozinho, a loja de comércio de foto. Havia muito movimento de entrega de fotos prontas ou recebimento de filme para revelação, ou ainda cliente vindo comprar filme. Além disso, eu atendia o telefone. Se abrisse a loja todos os domingos e continuasse por um ano, dez anos, vinte anos ou até cinquenta anos, eu ficaria rico mesmo.[90]

88 Tadashi Takiguti. Depoimento ao autor. Americana, 2011.
89 Ibid.
90 Rinkichi Takiguchi. *Diários*. Tradução de Yoneko Toma e Hajime Kato. São Paulo, 1961-1962.

Os netos Clóvis, Renato e Carlos: futuro garantido no Brasil

Claro, ele não poderia sequer vislumbrar então a possibilidade de um *selfie* e as facilidades da foto digital, que, anos mais tarde, haveria de banalizar a arte da fotografia e de transformar todo e qualquer cidadão em fotógrafo. O negócio de fotografar e revelar, que foi o seu ganha pão durante grande parte da vida, em mais algum tempo iria se esfumar em uma operação virtual, sem elementos físicos ou contatos pessoais.

A loja de fotografia não deixou ninguém rico, mas foi através dela que a família garantiu a realização de um dos mais caros projetos de Rinkichi: ver os filhos e netos prosperarem. "No próximo ano, no dia 7 de maio, eu completo 50 anos no Brasil. Apesar de não ter tido muito êxito no meu objetivo inicial de sair do Japão para o Brasil para ganhar dinheiro, sinto muita satisfação em deixar aqui os meus filhos e netos, pois este país possui muito futuro e esperança".[91]

91 Ibid.

Em Araçatuba, Rinkichi iria viver, enfim, o sonho de levar a vida que teria levado se o plano inicial de voltar ao Japão, depois de cinco anos e de ganhar muito dinheiro, tivesse dado certo. Não fez a viagem de volta, mas estava agora em condições de ser feliz. Em Araçatuba, finalmente, se livrara das incertezas primárias para garantir a sobrevivência sua e da família.

Lá, além do trabalho no Foto Ritz, desenvolveu atividades prazerosas, como as pescarias nos rios Tietê e Feio, com os filhos Takeshi, Tadashi e Tsuyoshi e o neto Kazuaki; teve tempo para cuidar das galinhas e das hortaliças no quintal de casa; e pôde ficar de olho nos acontecimentos globais, como a posse do presidente-general Castelo Branco em 1964, o aumento do salário mínimo a cada ano e as Olimpíadas programadas para Tóquio, acontecimentos que ele fez questão de anotar e comentar em seu diário. "22 de abril de 1962, domingo. Tempo bom. Em 1964 vai ser realizada a Olimpíada no Japão. Até lá não se sabe se as obras e os preparativos estarão prontos".[92] Quem viveu para ouvir o "vai ter Copa", "não vai ter Copa" no Brasil de 2014, não estranharia o comentário.

O convívio familiar era agradável, como ele deixou anotado em seu Diário: "5 de outubro de 1961, quinta-feira. De manhã, o casal Tadashi e Marina trouxe sashimi de atum e doce caseiro. Estava uma delícia. Sentimos a gratidão de pais pelo tratamento e dedicação dos filhos". Ou então: "22 de outubro, domingo. A filha do Tsuyoshi, a Elisa, vai ser batizada, tendo como madrinha a Adelaide, da família do Mário. Vieram seis pessoas". Nessas alturas, ele já morava na Rua Bernardino de Campos, quarto e mais nobre endereço em Araçatuba, que compartilhava com a família de Tsuyoshi. Antes, morara na Rua Pereira Passos, na Rua Tiradentes e depois na Rua Humaitá, todas na área central da zona urbana. Em cada casa mudava a companhia do filho que o acompanhava e o padrão de qualidade da moradia – para melhor, sempre.

92 Ibid.

A vida social era intensa, com um largo arco de relacionamentos dentro da comunidade. Seu diário registra uma grande quantidade de visitas de amigos que recebia e que fazia. "Visitei Hasegawa-san. Já estavam na casa dele Takahashi-san e Kikita-san", registra numa passagem, em 1962. E em outra, anota: "Ueda-san me visitou. Trouxe óleo de ovo e Cinzano para mim". E em outra: "Ganhei do Inose-san verduras e frango. Fizemos sopa e cozidos". E mais uma: "Visita de Inoshima-san".

Alguns amigos eram especiais. Inoshima era o marido de Mitsuko Ishii, irmã de Kiku e, portanto, cunhada de Shoji, o filho mais velho de Rinkichi. Hasegawa era o marido de Kou Hasegawa, a professora de japonês de seus filhos em Córrego da Prata, lá pelos idos de 1930. A visita ao amigo no Ano Novo, data memorável na tradição japonesa, era sagrada. No costume japonês, os mais novos prestam homenagem aos mais velhos. Assim é que os alunos são sempre agradecidos aos professores, mesmo muitos anos depois de deixar a escola. "Como mostra no filme *Mandadayô*[93], a gente ia sempre visitar os Hasegawa, levava presentes, cantava parabéns, desejava feliz ano novo"[94], lembrou a nora Dirce Kitico Sumida. Outro patrício que merecia visitas no Ano Novo era Sumida-san, amigo do peito e, desde 1954, sogro de seu filho Tsuyoshi.

Personagem de grande influência sobre Rinkichi, Eisaburo Majima era uma figura envolta numa aura de genialidade e mistério. Por seu brilho intelectual, exerceu uma grande fascinação sobre Rinkichi, que mantinha com ele longas conversas. Do passado nebuloso, ficaram muitas lendas e poucas certezas. Sabe-se que tinha dois diplomas em cursos da Universidade de Tóquio. Conta-se também que saiu do Japão corrido pelo próprio pai, um grande proprietário de terras. Os negócios da família eram controlados por um irmão de Majima. Um dia houve uma rebelião dos

93 Filme de Akira Kurosawa que relata a duradoura relação de respeito e afeto entre o professor Hyakken Uchida e seus ex-alunos.

94 Dirce Kitico Tacakiguti. Depoimento ao autor. São Pedro, 2010.

arrendatários de terra contra o proprietário. Quem liderava a rebelião era o próprio Majima. Por isso ele foi expulso de casa e se refugiou no Brasil,[95] onde não tinha moradia fixa e ocupação certa. Consta que foi jornalista e trabalhou no *São Paulo Shimbun*, jornal da colônia, editado na capital. Mas vivia de casa em casa, promovendo tertúlias para quem se interessasse em compartilhar sua inteligência superior e seu vasto conhecimento sobre todas as coisas. Rinkichi era um deles. "Majima-san tinha dois ou três diplomas universitários, mas era um vadio. Vivia na casa dos outros como nômade. *Ojiji* gostava dele porque era inteligente, contava histórias", relembra Tadashi, o filho mais novo de Rinkichi.[96]

Heisaburo Majima, o amigo intelectual: brilhante e misterioso

Ao mudar-se para Araçatuba e nos anos seguintes, Rinkichi teve tempo e espaço para ampliar suas relações na comunidade nipônica. Não que antes disso ele já não tivesse uma vida social bem movimentada. Mas agora estava numa cidade de verdade, seu habitat. Por exemplo, Guararapes não tinha templo budista e Araçatuba tinha dois: o Higashi Honganji e o Nishi Honganji. Higashi quer dizer leste e Nishi oeste, mas essa não era a única diferença entre as duas casas de culto. O Nishi era mais popular e tinha um maior número de adeptos. Na política interna estava alinhada com o ademarismo, do governador Adhemar de Barros. Na política externa estava mais próximo dos vitoristas,

95 Carlos Iwao Taquiguthi. Depoimento ao autor. São Paulo, 2011.
96 Tadashi Takiguti. Depoimento ao autor. Americana, 2011.

Tsuyoshi e Kitico se casam pelo empenho de Rinkichi, mas sem miai

os nacionalistas que sustentavam a supremacia japonesa. O Higashi era mais nobre e de acesso mais restrito, simpatizante da política de Getúlio Vargas e dos princípios dos esclarecidos, a parte da colônia que se conformara em viver longe do Japão. A família Takiguchi era fiel ao Higashi. Mas a convivência entre os fiéis de uma e outra casa era pacífica e colaborativa. Quando um fazia festa, convidava os seguidores do outro e vice-versa. E o outro nunca fazia festa na mesma data, para evitar a concorrência.

Como pai pressuroso que era, Rinkichi arregaçava as mangas para "encaminhar os filhos na vida". Além do pleno emprego familiar, que ele resolveu ao montar a loja de fotos, também estava atento para o futuro conjugal dos filhos. Uma das especialidades de Rinkichi era fazer *miai*, ser o intermediário dos casamentos por encomenda e conveniência da tradição japonesa. Foi padrinho de casamento de dezenas de casais na colônia, pois essa era a recompensa para quem aproximava o noivo da noiva com propósitos nupciais. Agindo em causa própria, Rinkichi já promovera o casamento de Shoji com Kiku e de Takeshi com Etsuko. Mas, no caso de Kitico e Tsuyoshi, não foi exatamente assim que se deu o enlace.

"Conheci *ojiji* em 1953", conta Dirce Kitico, a filha de Sumida que se casou com Tsuyoshi. "De repente, ele apareceu com os amigos em minha casa. Entre eles estava o Tsuyoshi, porque disseram a ele que na família Sumida tinha uma moça e eles queriam me conhecer. Eu, inocente, não sabia de nada. Tinha 18 anos. Casei com 19".[97] O costume dos casamentos arranjados era muito comum entre os japoneses, mas não estava nos planos de Dirce Kitico, uma moça moderna para aqueles tempos e para aquela gente. Parecia menos submissa aos pais do que o desejável e era muito senhora de suas próprias opiniões. "Meu pai recebeu as visitas muito bem, mas disse que primeiro precisava falar com a família e os dispensou numa boa", prossegue Dirce. "Os arranjadores de casamento não voltaram a agir diretamente, mas Rinkichi não desistiu".

Tsuyoshi morava em Araçatuba e era pessoa influente na colônia nipônica: com o irmão Tadashi, integrava o time de beisebol e era presidente da Area (Associação Recreativa e Esportiva Araçatuba), a associação de jovens japoneses. Dirce vivia no sítio da família em Córrego Seco, área rural de Guararapes, e estudava na cidade. Para isso, passava a semana na casa de Maria Sasakura, uma amiga da família que morava em Guararapes. Os dois se encontraram casualmente no campo de beisebol, Tsuyoshi puxou conversa, mas a moça não deu bola.

97 Dirce Kitico Tacakiguti. Depoimento ao autor. São Pedro, 2010.

Coube a Rinkichi descobrir o paradeiro da futura nora e forçar a barra. Combinou com a dona da casa que a hospedava em Guararapes as circunstâncias para o encontro dos dois pombinhos. "O Tsuyoshi apareceu e disse que queria conversar. Conversamos e marcamos outros encontros". Rinkichi voltou a intervir na relação quando ficou sabendo que os namorados haviam planejado que iriam se casar no prazo de três anos: "Esse negócio de casar em três anos só vai dar tempo para o diabo rir de vocês. Se querem casar, casem logo", ensinou-lhes Rinkichi. Casaram-se em 1954, antes de completar um ano de namoro, tiveram quatro filhos e sete netos, e foram felizes até que a morte os separasse.

Faltava ainda casar Tadashi, o mais novo e "menos japonês" dos filhos. Bem que tentaram fazer um *miai* para ele também, mas a moça, *nissei* e de boa família, como recomendava o figurino das tradições nipônicas, foi estudar Farmácia em Curitiba e o namoro desandou. Aí apareceu Marina – escândalo – Mendes, uma brasileira, uma *gaijin*.[98] Era vizinha dos Takiguchi na casa da Rua Humaitá, 381. Por cima do muro, descobriu Takeshi, que estava separado da primeira mulher e vivia pelo quintal da casa cuidando, com muita dedicação, da horta que plantara. Entre um "bom dia" e um "como vai você?", ele fazia agrados, oferecendo verduras e frutas à simpática e vistosa vizinha.

O rumo da conversa mudou no dia em que Marina levou Júnior, o irmão mais novo, para tirar uma foto 3x4 no Foto Ritz. Foi atendida por Tadashi, o irmão mais novo de Takeshi, que só aí ficou sabendo quem era a moça que morava na casa ao lado da sua. E foi fisgado na hora. Enquanto Takeshi continuava cuidando da horta, o galante Tadashi passou a cortejar a vizinha. Por cima do muro, atirava bilhetinhos e mimos para Marina: "Jogava carta, cada poema bonito, cantava ao telefone", recorda-se Marina. "Lembro até hoje do primeiro presente que ele me deu: um abridor de cartas em forma de espada".[99] Casaram-se no dia

98 Palavra em japonês que se aplica a quem não é japonês.
99 Marina Mendes Takiguti. Depoimento ao autor. São Paulo, 2011.

Tsuyoshi (centro) e Tadashi (direita) brilhavam no time de beisebol da colônia em Araçatuba

13 de maio de 1961. Ela tinha 18 anos e ele, 31. Rinkichi deixou registrado em seu diário, sem maiores comentários: "Tadashi e Marina se casaram hoje. Após a festa de casamento, lá pelas 20 horas, saíram em viagem de lua de mel para Santos, onde ficarão aproximadamente dez dias, divertindo-se na praia".[100]

O namoro do jovem *nissei* com a moça *gaijin*, nas palavras do próprio casal, "deu um forrobodó" danado nas famílias. Para a comunidade nikkei, casamentos interraciais, por essa época, eram uma raridade. A resistência era recíproca. Em 1932, o sociólogo Oliveira Vianna publicou o livro *Raça e Assimilação*, em que afirmava que os imigrantes japoneses eram como enxofre, ou seja, "inassimiláveis". Entre os imigrantes, esse tipo de relacionamento era motivo de brigas familiares e só se concretizavam depois de fugas espetaculares e românticas do noivo ou, o que era mais frequente, da noiva.

100 Rinkichi Takiguchi. *Diários*. Tradução de Yoneko Toma e Hajime Kato. São Paulo, 1961-1962.

O censo da Colônia Japonesa de 1958 aponta que, de cada dez casamentos *nikkeis*, em apenas dois um dos parceiros não era japonês.[101] As dificuldades não eram apenas ideológicas, mas também de recursos humanos. Não era sempre que um rapaz ou uma moça oriental, ao chegar à idade casadoira, encontrava um par nos limites da colônia ou da raça. O problema era maior para os homens, já que o contingente masculino superava o feminino entre os imigrantes. A falta de mulheres para casar chegou a tal ponto que associações de jovens da colônia passaram a importar noivas do Japão para atender à demanda casamenteira do público masculino no Brasil. A primeira leva, com 12 pretendentes, desembarcou em Santos do navio América Maru, em 13 de agosto de 1959. Até o final de 1968, 500 mulheres foram importadas do Japão para se casar com imigrantes ou seus descendentes no Brasil.[102]

Tadashi não estava muito preocupado com a questão racial na hora de escolher sua noiva, mas a família estava. Principalmente Shoji, o irmão mais velho e patriarca em exercício do clã. E, antes que ficassem noivos ou fossem marcadas as bodas, Marina recebeu a notícia de que uma reunião seria feita para decidir a questão. A assembleia, presidida por Rinkichi, não contou com a presença de Tadashi, mas sim com a de Shoji, que, a esta altura, já vivia em São Paulo. "Antes eu avisei à Marina, que, qualquer que fosse a decisão, eu a acataria", conta Tadashi.

Pelo lado da família Mendes, a escolha de Marina também não foi muito bem aceita. "Com tanto brasileiro bonito por aí, você vai se engraçar logo com um japonês", reclamaram os parentes dela. Mas não foi preciso uma assembleia para decidir o seu futuro. Ela sozinha tomou a decisão e os demais

---

101 DEZEM, Rogério. Casamentos Interétnicos. *Jornal NippoBrasil*, São Paulo, Coluna Diário da Imigração, p. 7a, 19 dez. 2007.

102 SAKAI, Suzana; FUJINO, Yoko. As noivas que atravessaram o Atlântico. *Jornal NippoBrasil*, São Paulo, Especial n. 516. Disponível em: <http://www.nippo.com.br/especial/516.shtml>. Acesso em: 24 de agosto de 2019.

Casamento de Tadashi e Marina: tolerância e pioneirismo

respeitaram. Já os debates na reunião do clã Takiguchi foram acalorados, embora ninguém, além dos participantes, tenha tomado conhecimento do que se falou ali.

Soube-se tão somente que o casamento foi aprovado. Já dura mais de 50 anos, tendo dado ao casal quatro filhos e cinco netos. Antes de morrer, Rinkichi confiou a um amigo que a *gaijin* Marina era sua nora preferida. "Fui um revolucionário ao me casar com uma brasileira", diz Tadashi. Firmado o precedente, a família não mais voltou a questionar o tema. O até então recalcitrante Shoji evoluiu de posição, sem ressentimentos: três dos seus cinco filhos que se casaram, o fizeram com parceiros não japoneses. Quanto a Takeshi, depois de seu conturbado e breve primeiro casamento com Etsuko, casou-se em 1963 com Nobu Nakamura. Com a providencial intermediação do patriarca.

Os oito anos que viveu em Araçatuba, ao contrário do resto da família, não deixaram marcas na vida de Shoji. No dia 20

Casamento de Takeshi e Nobu

de janeiro de 1956, ele se mudou para São Paulo, "com uma mão na frente e outra atrás", como gostava de dizer, com orgulho. Na primeira tentativa de obter um emprego na capital, caiu num conto do vigário e perdeu 30 mil cruzeiros, um bom dinheiro. Depois, conseguiu trabalhar como vendedor de balas, enquanto toda a família se empenhava em reforçar o orçamento familiar: "Faturei 4,5 mil cruzeiros por mês. O Clóvis trabalhava na Cássio Muniz[103] e estudava o primeiro ano do curso científico. O Carlos trabalhava e estudava o terceiro ginasial à noite. A Kiku costurava até altas horas da noite".[104] O próximo emprego

103 Precursora das futuras lojas de departamentos, que vendia desde eletrodomésticos a automóveis.

104 Ciosi Takiguti. *Depoimento Sobre a Família Takiguti*. São Paulo, 1996.

de Shoji foi na fábrica de doces Gurupy. Ganhava comissão de 2 cruzeiros por quilo de goiabada ou bananada vendido. "Trabalhei nesta firma até 1959, como vendedor. Depois comprei a fábrica, continuando até 1962. Nesse ano fiquei com início de úlcera. O médico aconselhou a fazer operação. Vendi a fábrica de doces e comprei uma casa na Rua General Góis Monteiro, 339, onde dei entrada de 2.500 cruzeiros".[105]

Shoji encerra seu relato com o dramático desfecho da vida de sua mulher Kiku.

> Em 1959, a Kiku me acordou numa madrugada dizendo que estava com falta de ar. Esperamos amanhecer e a levei ao médico do coração, doutor Tranchesi, professor da Medicina da USP. Com o tratamento, o coração ficou bom. Em 1962, ela foi internada no Hospital do Carmo com insuficiência renal. Ficou em estado de coma. O doutor Nakamura disse que eu não tinha condições de continuar o tratamento. O Clóvis estava no segundo ano de Medicina, conversou com um professor e ele imediatamente mandou transferir a mãe para o Hospital das Clínicas. Fez tratamento, a Kiku ficou boa e o professor deu alta. Voltou para casa, passou uma semana e ficou ruim de novo. Foi internada no Hospital das Clínicas e daí a uns dias entrou em coma de novo. Veio a falecer no dia 10 de junho de 1963 e foi sepultada no dia seguinte, 11 de junho de 1963.[106]

Alice, a filha mais nova do casal, ainda não havia completado 11 anos. Shoji teria de assumir, a partir daquele momento, o papel de mãe de família, para o qual, definitivamente, não estava preparado. Vida que segue.

105 Ibid.
106 Ibid.

滝口林吉

*O inverno
passa e vem
a primavera.*

Rinkichi Takiguchi. *Diários*. Tradução de Yoneko Toma e Hajime Kato. São Paulo, 1961-1962

CAPÍTULO 8

Rinkichi & Shizuyo

Rinkichi Takiguchi nasceu em Shinichi, província de Hiroshima, Japão, no dia 21 de agosto de 1890. Era filho de Hikotaro e Tome Takiguchi. Neto de Eisuke e Tani Takiguchi. Hikotaro e Tome se casaram em 1886. Ele tinha 21 anos, ela 18. Quatro anos após as bodas, nasceu Rinkichi. Filho único, segundo a maioria das fontes. Mas há quem diga que ele era o segundo filho do casal e que o primogênito morrera ainda criança.[107] Diz a lenda que foi vítima da astúcia do irmão mais novo. Inconformado por não ter nascido primeiro – o que lhe conferiria um enorme privilégio na organização familiar japonesa –, Rinkichi lançou um desafio ao irmão: quem teria coragem de atravessar, de olhos vendados, a pinguela que passava por cima do valo profundo de um riacho? O irmão encarou o desafio, mas perdeu. Em meio à travessia cega, desequilibrou-se, caiu e morreu. E Rinkichi se fez primogênito.

A história, contada em reuniões da família ainda hoje, carece de confirmação. Se, por um lado, pode ser creditada à peraltice de uma criança, por outro, não orna com o caráter e a história de vida do protagonista. Menos improvável é a que diz que os Takiguchi, num passado remoto, constituíram o clã que fornecia guerreiros para a guarda pessoal do imperador, no tempo em que a capital do país ainda era Kyoto.

107 Tomoko Kosaka. Depoimento ao autor. São Paulo, 2011.

Em recompensa por sua lealdade e valentia, os bravos samurais receberam do imperador Saga o direito de usar um sobrenome, algo excepcional até então. Estamos falando do século 9 d.C. Até a Era Meiji, dez séculos mais tarde, sobrenome era uma distinção concedida apenas aos nobres, artistas e chefes de clãs regionais. Para diferenciar duas pessoas comuns com nomes iguais em uma aldeia, acrescentava-se um aposto, geralmente uma informação geográfica. Assim, Yamamoto quer dizer "pé da montanha" e Suzuki, "árvore do sino". O nome Takiguchi – "boca da cachoeira" –, com que o imperador teria distinguido os integrantes de sua guarda pessoal, é uma alusão ao lugar em que supostamente estava localizado o quartel da guarda dentro do complexo de construções palacianas.[108]

O fato é que pouco se sabe sobre os ancestrais de Rinkichi. Consta que o avô do avô de Rinkichi era senhor de terras e produtor rural, rico e poderoso. De geração em geração, o poder e o dinheiro se acabaram, e, quando Rinkichi nasceu, seu pai era um *somemonoyá*, um artesão que tinha por habilidade a arte de fiar e tingir tecidos.

A produção artesanal de tecidos e, mais tarde, a indústria têxtil eram a principal atividade econômica de Shinichi, um pequeno povoado encravado em um vale que se estende entre Fuchu e Fukuyama, as duas cidades maiores ao seu redor e das quais foi distrito alternadamente. Embora esteja mais próxima de Fuchu, desde 2003 Shinichi faz parte de Fukuyama, o segundo maior centro urbano da província de Hiroshima, a 600 quilômetros de Tóquio e a 80 quilômetros da cidade de Hiroshima. A população de Fukuyama, hoje, é de cerca de 650 mil habitantes. A de Shinichi, 30 mil.

Na época em que Rinkichi viveu em Shinichi, Fukuyama tinha pouco mais de 30 mil habitantes e ele nem se refere a ela em suas memórias. O mais provável é que a vila estivesse mais

108 Esta versão se baseia em pesquisas históricas feitas por Carlos Iwao Taquiguchi, neto de Rinkichi.

ligada a Fuchu, que fica a apenas 4 quilômetros de distância. O que é certo mesmo é que tanto Rinkichi como seu pai Hikotaro atuavam no ramo têxtil, que era a especialidade de toda a região do Bingo, ali mesmo onde moravam.

Diz a história que, no tempo em que os xoguns ainda mandavam no país, a seda, por ser muito cara, só era usada pela aristocracia. Para o povo em geral, restava o algodão trazido da China. Em seguida, ele passou a ser produzido no Bingo, primeiro de forma artesanal e, depois da Restauração Meiji, em escala industrial. Entre os muitos tipos de tecidos de algodão que foram desenvolvidos, o Bingo-gasuri (ou Kasuri) tem suas raízes em Shinichi. Trata-se de um tecido com uma estampa especial, produzida a partir de técnicas de tingimento e de tecelagem das fibras do algodão. Era da produção ou da comercialização desses tecidos que a família Takiguchi tirava seu sustento naqueles dias em Shinichi.

Como toda criança de boa família japonesa, Rinkichi foi para a escola ao atingir os oito anos de idade, mas muito tempo lá não ficou. Depois de uns quatro anos, deixou de frequentar a sala de aula, supostamente em consequência de uma desavença com um colega durante a disputa de uma partida de tênis.[109] Mas mesmo fora da escola e pelo resto da vida, Rinkichi seguiria estudando e aprendendo.

Escrevia bem em japonês, como atestam os especialistas que analisaram os muitos escritos que ele deixou ao longo da vida: diários, cartas e poemas. Saber escrever japonês significa bem mais do que saber japonês. O idioma japonês comporta três sistemas de escrita: o kanji, que são os ideogramas de origem chinesa, e os silabários hiragana e katakana. Os três sistemas são usados de forma combinada e complementar: o hiragana serve para simplificar e completar ideias que não são contempladas no kanji e o katakana é usado para grafar expressões estrangeiras.

109 Ciosi Takiguti. *Depoimento Sobre a Família Takiguti*. São Paulo, 1996.

E existe ainda o romaji, que é a transposição do japonês para o alfabeto latino. Dominar esse complexo sistema de signos e dar-lhe forma no papel revela-se uma verdadeira arte, que Rinkichi desempenhou com maestria.

Antes de aprender português, ele aprendeu também alguma coisa de inglês. Lia muito, tanto jornais diários, que fazia questão de assinar, como livros e tudo que lhe caísse nas mãos. E gostava de conversar sobre os mais diversos assuntos: filosofia, religião, história, política. "Era um intelectual", atestam as pessoas que o conheceram e que com ele conviveram. O que lhe faltou de frequência à escola foi preenchido com uma inteligência acima da média, uma grande curiosidade, na melhor acepção da palavra, e sua riquíssima experiência de vida.

Em 1909, conheceu e casou-se com Shizuyo Irie.[110] Em abril de 1911, nasceu Ichiro, motivo de júbilo para o casal e a família. Mas Rinkichi não estava feliz com sua situação, não estava disposto a passar a vida como empregado de uma loja de tecidos. E tomou então a decisão que conduziu sua vida da forma como se descreve neste livro, e que ele assim registrou em seu Diário:

> Eu, Rinkichi, emigrei para o Brasil, chegando a Santos em 7 de maio de 1913 pelo navio Daini Unkai Maru. Tinha 23 anos. Sou casado, mas o registro de casamento não ficou regularizado em tempo. Por isso, vim como um membro da família do meu tio. Fomos enviados para a Fazenda Santa Constança na linha Douradense, cujo proprietário era o então ministro da Agricultura[111], Carlos Botelho. No ano seguinte, chamei a minha esposa Shizuyo para o Brasil.

Sua vida no Brasil é marcada por um grande equívoco, que se prolongaria por mais de 30 anos: "Eu emigrei para o Brasil como agricultor, mas minha origem não é de agricultor. No início, como imigrante, sofri muito e logo me conscientizei de que nestas condições não conseguiria voltar para o Japão. Assim,

110 Tomoko Kosaka. Depoimento ao autor. São Paulo, 2011.
111 Na verdade, trata-se do Secretário da Agricultura de São Paulo.

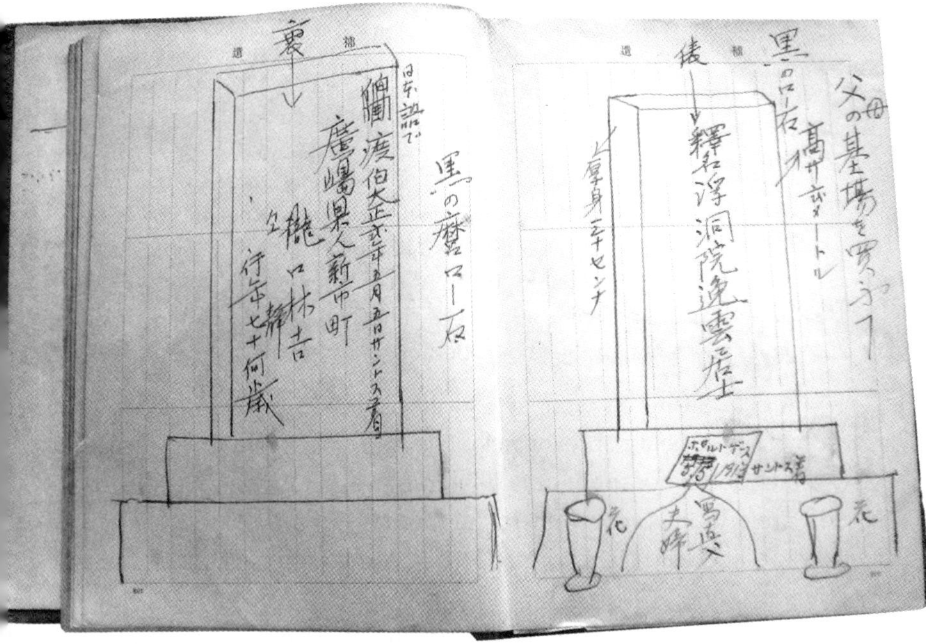

Cinco anos antes de morrer, Rinkichi desenhou o túmulo onde haveria de ser enterrado

desanimei e perdi a esperança com a lavoura".[112] Mesmo não sendo agricultor, Rinkichi viveu no campo e exerceu, direta ou indiretamente, atividade rural entre 1913 e 1946. Mas nunca se adaptou à vida no campo, fato que, associado à sua fragilidade física, justifica o insucesso nos muitos empreendimentos que ele encetou em todos esses anos: "Eu via a minha vida como uma escuridão enquanto fracassava várias vezes, tropeçando muito com negócios malsucedidos".[113]

Em meados dos anos 1940, quando se muda para Araçatuba e abre uma loja de fotografias na praça principal da cidade, sua vida dá uma guinada: "Meu estúdio fotográfico tem tido muito movimento, graças a Deus. Todos os dias, o ano inteiro, sem folga, os irmãos reunidos vêm trabalhando. Eu realmente me sinto

112 Rinkichi Takiguchi. *Carta para Shoji e Takeshi*. São Paulo, 1959.
113 Ibid.

muito feliz".[114] O coroamento de seus esforços chega pelo Correio, no dia 21 de março de 1961, na forma de notícia, quando se dá conta do sucesso dos netos nos estudos:

> Hoje recebi carta de agradecimento do meu neto Carlos Iwao, o terceiro filho de Shoji, que tinha sido cumprimentado pela aprovação em 16º lugar no vestibular de Engenharia da Escola Politécnica da Universidade de São Paulo. Todos os três filhos de Shoji[115] estão na Universidade: medicina, advocacia e engenharia. [...] A família toda aguardava a notícia, que nos proporcionou alegria e mais alegria.[116]

A esta altura da vida, seus sonhos já não estavam ligados à mera luta pela sobrevivência: "Se pudesse, o meu desejo na velhice seria morar em uma ilha, que tivesse um bosque, perto da areia branca, com um rochedo para pescaria. Além disso, gostaria de cuidar de flores e formar um jardim público. Este é o meu sonho".[117]

Rinkichi morreu no dia 3 de janeiro de 1966, em São Paulo, aos 76 anos de idade. A causa da morte foram as complicações do fígado, que começaram a atormentá-lo desde os primeiros anos no Brasil e que se agravaram com a malária que contraiu nas frentes de desbravamento do Noroeste paulista, cujo tratamento deixou-o com uma sequela. O gosto por uma boa cachaça ou uma dose bem apurada de saquê certamente deu alento à doença. Além de cirrose hepática, ele sofreu com problemas de diabete e reumatismo. Mas desfrutou da vida até o último momento.

Morando em Araçatuba, viajara para São Paulo com o propósito de passar as festas de fim de ano com a família reunida, como já era tradição. A cada ano a reunião acontecia alternadamente, em Araçatuba, onde ele e os filhos Takeshi, Tsuyoshi e

114 Rinkichi Takiguchi. *Diários*. Tradução de Yoneko Toma e Hajime Kato. São Paulo, 1961-1962.
115 Além de Carlos Iwao, aqui mencionado, Clóvis Kiomitsu fez Medicina e Renato Riotaro cursou Direito, todos na Universidade de São Paulo (USP).
116 Rinkichi Takiguchi, op. cit.
117 Ibid.

Tadashi continuavam morando, ou em São Paulo, residência de Shoji e Tomoko. Dois dias antes de morrer, fez questão de dar uma volta por São Paulo de Aero Willys, o carro novo do neto Carlos Iwao, que acabara de se formar engenheiro.

O retrato de Rinkichi que se forma a partir das observações das pessoas que com ele conviveram é de um homem sério, de princípios morais muito rígidos, mas ao mesmo tempo esclarecido, com requintes de boa cultura e senhor de uma vontade enorme de viver e de desfrutar a vida. Preservava os valores fundamentais da cultura e tradição nipônica, conhecidos como *yamato damashii*: nobreza de caráter, lealdade com a pátria, amor ao trabalho, respeito aos mais velhos, valorização da família e da educação. Mas não cultivava o sentimento de superioridade da raça ou a ânsia de conquista incutidos pelos militares japoneses e que também eram traços do *yamato damashii*.

"Enquanto viveu, era o patriarca. Ele mandava e todos respeitavam. Uma palavra do *ojiji* era lei para qualquer membro da família", atestou sua nora Dirce Kitico Sumida, que com ele conviveu por cerca de 15 anos. "Era uma pessoa esclarecida, muito exigente, mas nada autoritário. Gostava de conversar, era muito convincente, mas nunca foi de impor seu ponto de vista, não gostava de extremismos". Dirce lembra que, à primeira vista, as pessoas tinham receio de se aproximar, por causa da expressão do rosto, sempre muito séria. "Mas quando começava a conversar, ele se abria, com uma simpatia imensa".[118]

Essa simpatia transbordava além dos limites do lar ou do ambiente de trabalho. Como gerente do Foto Ritz, em Araçatuba, ele era o encarregado de atender os clientes no balcão e sempre lhe sobrava tempo para um ou dois dedos de prosa. Muitas vezes, ele ia para a Praça Rui Barbosa, a mais central e mais movimentada da cidade, onde ficava a loja dos Takiguchi, sentava-se num banco e logo se formava uma roda de amigos e curiosos para

118 Dirce Kitico Tacakiguti. Depoimento ao autor. São Pedro, 2010.

ouvir suas histórias. Juntavam-se japoneses e também brasileiros, que tinham a oportunidade de conhecer as histórias de heróis japoneses, como as do extraordinário Musashi, que Rinkichi não se cansava de contar.

O samurai Miyamoto Musashi é um herói nacional japonês que viveu no século 17. Autor do tratado sobre artes marciais conhecido como *Livro dos Cinco Anéis*, foi o criador do estilo de luta com duas espadas conhecido como *niten ichi ryu*. Musashi inspirou o imaginário japonês na criação de gravuras, mangás, livros, filmes e games. E foi motivo de infinitas conversas de Rinkichi. "Ele gostava de conversar e tinha muitos amigos"[119], lembra o filho Tadashi. Sempre arrematava suas conversas com a expressão "que esperança", como se quisesse dizer "eu sei aonde você quer chegar".[120]

Este era o lado *bon vivant* de Rinkichi que ficou marcado na memória do filho caçula. O homem que gostava de festas, de uma boa cachaça, das pescarias, do *dolce fare niente*: "Quando *ojiji* voltava do cafezal, tinha de ter sempre um aperitivo pronto para ele tomar. A *obaba* deixava sempre preparada a pinguinha dele", conta a nora Dirce. Das coisas que lhe davam prazer de fazer, pode-se falar também do seu gosto pelo debate intelectual e pelo embate afetivo. No primeiro caso, cultivava amizade com gente de nível cultural superior, como o já citado Majima-san e com Sasaki-san, que não é o mesmo Sasaki que o acolheu na região de Araçatuba. Outra relação de natureza intelectual que ele cultivou com carinho por toda a vida foi com o casal Hasegawa, em eterna gratidão à professora de japonês que livrou seus filhos do analfabetismo em dois idiomas.

Tinha ideias claras sobre política nacional e internacional e também acompanhava os acontecimentos de natureza econômica. Quando isso se tornou possível, passou a assinar jornal diário para se manter informado. E como uma pessoa bem informada,

119 Tadashi Takiguti. Depoimento ao autor. Americana, 2011.
120 Tomoko Kosaka. Depoimento ao autor. São Paulo, 2011.

Casamenteiro: o padrinho Rinkichi discursa em uma festa de casamento

no momento do maior dilema da história dos imigrantes japoneses no Brasil – o desfecho da Segunda Guerra Mundial, quando parte dos japoneses no Brasil se negou a admitir a derrota do Japão e passou a perseguir a outra parte que aceitava a realidade tal como ela se deu –, ficou entre os que, muito acertadamente, foram apelidados de "esclarecidos". "O *ojiji* era um homem muito profundo em suas ideias", atesta a nora Marina.

Era também um homem religioso. Já vimos que, em Araçatuba, frequentava o Higashi Honganji, um dos dois templos budistas da cidade. A frequência ao culto não satisfazia apenas o compromisso social, diante da comunidade. Em seus escritos, expôs longas considerações de cunho próprio e reproduziu outras de

Segunda lua de mel: Rinkichi e Shizuyo fazem turismo em Poços de Caldas

terceiros a respeito da religião que praticava, a Seicho-No-Ie. Essa religião, ou corrente filosófica, como preferem alguns, foi criada por Masaharu Taniguchi, em 1930, associando elementos do budismo, do xintoísmo e do cristianismo. A partir do fim da Segunda Guerra Mundial, teve uma grande expansão em todo o mundo, inclusive no Brasil. É nessa época que Rinkichi adere a ela. "É importante que procuremos aprimorar nosso espírito para nos aproximarmos da perfeição como santos do budismo ou do cristianismo", escreveu ele em seu Diário. "*Shin-so-kan* da Seicho-No-Ie significa que devemos encontrar Deus através dos nossos atos, guiados pelo ensinamento do Budismo".

Com a mente aberta, evitou qualquer tipo de sectarismo. Isso permitiu que a família fizesse opções em matéria religiosa com total liberdade. Assim, parte dos descendentes foi batizada na Igreja Católica e outra seguiu denominações protestantes diversas. Não faltou quem o acompanhasse na Seicho-No-Ie ou em correntes tradicionais do budismo, como a Nichiren-Shoshu, mantendo em casa o gohonzon e recitando diariamente o *Nam-Myoho-Renge-Kyo*.[121]

Como agente sentimental, Rinkichi foi o intermediário que uniu corações e formou famílias em toda a região por onde andou e por longo tempo. Como pagamento pela gentileza de promover o *miai* entre dois seres amorosos e tímidos, acabou se tornando padrinho de casamento de inúmeros casais. Para cada boda, preparava um discurso em que dava conselhos para preservar a felicidade conjugal para sempre. Entre seus conselhos, na mais pura linha de pensamento de seu tempo e de seu povo, pregava a submissão da mulher aos desígnios do marido.

Na própria casa, ele operou, direta ou indiretamente, para o casamento de todos os filhos. Tolerante, não criou empecilhos para que se consumasse a união entre o caçula Tadashi e a *gaijin* Marina. Rinkichi acreditava no que fazia. Muitos anos depois de seu casamento com Shizuyo, fez questão de comemorar em grande estilo e viajou com ela para Poços de Caldas, para o que considerou uma nova lua de mel. O programa turístico em uma estação de águas termais, na época, era realmente muito romântico e exclusivo.

Como santo casamenteiro, sofreu alguns revezes na esfera doméstica. A união da filha Tomoko com Taketo Kosaka esteve sujeita a raios e trovoadas. A do filho Takeshi com Etsuko, pouco durou. Mas pode-se dizer que, na maioria das núpcias que promoveu, os noivos foram felizes. Talvez isso seja resultado de sua capacidade de negociação. Em matéria comercial, pelo

121 *Gohonzon* é o altar doméstico diante do qual os budistas recitam suas preces e fazem oferendas aos antepassados. *Nam-Myoho-Renge-Kyo* é o mantra sagrado do Nichiren.

menos, era um negociador atilado, que sabia pechinchar e que não costumava pagar mais do que valia a mercadoria. Isso ajuda a entender o fato de que, apesar das dificuldades que enfrentou e dos revezes que acredita ter sofrido, a família sempre tenha tido um padrão de vida digno. "Eu nunca ouvi dizer que a família tenha passado necessidades ou tenha passado fome. Eram pobres, mas não miseráveis", lembra Dirce. "Em nossa casa as contas pareciam ser bem mais apertadas".

O retrato de Rinkichi só fica completo quando se percebe a figura discreta, quase invisível, da mulher que o acompanhou por uma vida. Shizuyo Irie nasceu em Shinichi, em 1890, na mesma cidade e no mesmo ano em que nasceu Rinkichi. Era a filha do meio das três que o casal Tauzi e Uta Irie teve. Sua família era de agricultores bem situados na vida. Seguindo a tradição nipônica, porém, a herança ficou toda para a filha mais velha. A mais nova casou-se e mudou para os Estados Unidos. Fixou-se em Utah, ao norte da costa oeste americana, e mereceu uma visita da irmã, quase ao fim de suas vidas.

Shizuyo casou-se com Rinkichi pouco antes de completar 19 anos. Desde muito jovem, era moça prendada, muito habilidosa nas artes de corte e costura. Sua especialidade era costurar finos quimonos, da mais pura seda, para as gueixas, as tradicionais artistas do entretenimento da cultura japonesa.[122] "Ela era muito rigorosa em tudo o que fazia. Não podia ter um ponto fora do lugar que ficava muito brava e mandava fazer de novo", conta a filha Tomoko, que foi uma obediente aprendiz das artes da mãe, com linhas, agulhas e tesouras. "Quando eu tinha sete anos, ela me mandou fazer um serviço. Eu errei e fui correndo me esconder atrás do toco. Não adiantou, ela me achou e me deu uma grande bronca", conta Tomoko, sem saudades dos tempos duros de infância. "Como criança, já tinha muita responsabilidade. Dava conta do serviço na casa e na roça".

122 Tomoko Kosaka. Depoimento ao autor. São Paulo, 2011.

Família Irie: Shizuyo (esquerda), com os pais (centro) e as irmãs (direita)

O ofício de costureira que Shizuyo aprendeu quando ainda estava no Japão serviu, depois que se mudou para o Brasil, para prover o guarda-roupa da família enquanto foi preciso. Para isso, cumpria jornada dupla ou tripla: cuidava da casa, criava os filhos, trabalhava na lavoura e ainda fazia outras coisas, como costurar. Como se não fosse pouco, também enfrentou graves problemas de saúde, como o tracoma, infecção ocular que afetou sua visão para sempre.

Shizuyo (segunda da esquerda, ao alto) com colegas do curso pré-matrimonial

Em mais de uma oportunidade em seus escritos, Rinkichi reconhece, emocionado, em prosa e verso, o esforço da mulher diante das dificuldades. Como mãe: "Bebê nas costas; a esperança do futuro; a esposa vara a noite trabalhando". Como esposa: "A esposa abre uma laranja; contemplo o perfil dela; sinto a preocupação dela com o marido doente". Como provedora do lar: "A minha velha esposa curvada lava pratos; profundo sentimento de dó".[123]

O protagonismo dentro de casa deu-lhe um ar de austeridade e de autoridade que ficou marcado na memória dos filhos, que viam nela mais severidade do que no pai. "Mais bravo do que ela, só o Shoji", lembra Tadashi. Mas foi mãe em todos os momentos da vida. Muitos anos mais tarde, Tomoko ainda se recordaria da imagem dela embalando dois carrinhos de bebê, de frente um para o outro: num estava Renato, filho de Shoji e Kiku, no outro, Neusa, filha de Tomoko e Taketo Kosaka.

Ao contrário do marido, Shizuyo não aprendeu a falar português nos mais de 70 anos em que viveu no Brasil. Mas nunca desistiu de aprender. Como conta a neta Emília Kimie, filha de Tomoko: "*Obaba* pedia para minha mãe escrever o alfabeto. Minha mãe dividia uma cartolina em quatro, escrevia as letras e os números bem grandes, pois a *obaba* enxergava com muita dificuldade. Quando ia dormir, ela ficava na cama estudando: escrevia no ar letras e algarismos e repetia os nomes baixinho para não esquecer".

Após a morte de Rinkichi, Shizuyo viveu cerca de 20 anos a mais, com a mesma altivez com que enfrentou os primeiros anos pesados no Brasil. Até deu uma rejuvenescida. Renovou o guarda-roupa e passou a frequentar com regularidade o salão de beleza para cuidar dos cabelos e das unhas. Definitivamente, não curtiu a solidão. Para as netas em idade casadoira, deu conselhos bem precisos e surpreendentes a respeito do assunto:

123 Rinkichi Takiguchi. Diários. Tradução de Yoneko Toma e Hajime Kato. São Paulo, 1961-1962.

que a mulher não precisa se casar, mas precisa ter um companheiro, recomendou ela à neta Darci Tizuko, filha mais velha de Shoji. "Namorar é muito bom. Ninguém merece ficar sozinho".[124] Shizuyo morreu em 1984, aos 94 anos de vida muito bem vivida.

O trabalho de construção da família pelo casal Rinkichi e Shizuyo teve uma simbologia marcante em duas tarefas zelosamente cumpridas pelos dois ancestrais ao longo de suas vidas. "*Obaba* foi parteira de todos os netos. Tinha mão boa. *Ojiji* escolhia os nomes deles. Nomes em português e em japonês que combinassem entre si", conta Tomoko. Num tempo em que o parto ainda não era uma especialidade da medicina, mas um ato essencialmente familiar, não era pouca a responsabilidade de Shizuyo, encarregada de assistir filha e noras no grande momento da vida.

Já a Rinkichi coube a tarefa de eleger e compor os nomes dos netos, o que, na tradição e cultura japonesas, também não era pouca coisa. A nora Dirce Kitico conhecia a "etimologia" de todos os nomes escolhidos por Rinkichi: "Para cada um, *ojiji* escolheu o nome japonês. Eduardo foi escolhido por mim, Haruhiko por *ojiji*", relembrou ela, referindo-se a seu primeiro filho.

A seleção do nome seguia todo um ritual: "*Ojiji* escrevia o ideograma para combinar com Takiguchi, um nome muito forte, como ele dizia. Takiguchi quer dizer 'boca da cachoeira'. Majima-san desenhou um peixe subindo a correnteza e *ojiji* queria que o Eduardo fosse forte e subisse a cachoeira montado no peixe", conta Dirce. Depois de Eduardo, nasceu Magali, nome escolhido por Tsuyoshi, a quem Rinkichi denominou de Akemi, a iluminada; Edson, que era para ser Ricardo, mas na hora do registro Tsuyoshi se esqueceu, e Rinkichi chamou de Issao, uma coisa alegre, boa; e, finalmente, Elisa Seiko, que quer dizer vencedora, próspera.[125]

---

124 Emília Kimie Kosaka. Depoimento ao autor. São Paulo, 2011.
125 Dirce Kitico Tacakiguti. Depoimento ao autor. São Pedro, 2010.

Muitas vezes ele também escolhia os nomes brasileiros, com primeiras e segundas intenções: Darci foi uma referência a Darci Vargas, mulher de Getúlio Vargas; Dagoberto porque era um nome bem português; Carlos foi uma homenagem ao Secretário da Agricultura Carlos Botelho, o patrono da imigração japonesa desse lado do Atlântico e dono da Fazenda Santa Constança, por onde Rinkichi iniciou sua trajetória no Brasil.

滝口林吉

Não deixe dinheiro
para os filhos;
dê educação para eles.

Rinkichi Takiguchi. *Diários*. Tradução de Yoneko Toma e Hajime Kato. São Paulo, 1961-1962.

CAPÍTULO 9

O legado de Rinkichi

Desde 1913, quando Rinkichi desembarcou em Santos do Dai-ni Unkai Maru, vindo do Japão, até 1970, chegaram ao Brasil 57 imigrantes com o sobrenome Takiguchi. Vieram em 14 viagens diferentes, oriundos de 11 províncias do império japonês. É pouco provável que haja alguma relação de parentesco entre esses grupos provenientes de lugares diferentes. Com relação a Rinkichi sabe-se que o único parente seu que aqui permaneceu foi sua mulher Shizuyo, que desembarcou em Santos em 1914, do Teikoku Maru. Seus outros três parentes que também desembarcaram no Brasil – o tio Yoichi, a tia Ai e o primo Yeizo – regressaram ao Japão, como era, aliás, o plano do próprio Rinkichi. Assim é possível contabilizar, pelo registro de nascimento, quem são os descendentes de Rinkichi – que podem ser também reconhecidos pelos valores transmitidos pelo patriarca e perpetuados pelos herdeiros. A seguir, sem nenhum juízo de valor, passamos a registrar quem são os integrantes dessa nobre linhagem.

De Rinkichi (1890) até Ana Júlia (2019), a última a se incorporar ao grupo, o clã dos Takiguchi de Shinichi no Brasil somam 111 pessoas, das quais 71 são descendentes diretos do patriarca por laços de sangue e outras 40 por relações civis. Assim como Rinkichi, outros 19 membros da família já morreram.

Ana Júlia simboliza também, um novo ciclo no movimento migratório universal. Seu pai, Marcus Yu Bin Pai, nasceu no Brasil, filho de chineses que cruzaram o mundo no contexto da reconfiguração geopolítica universal em que a China é um dos grandes senão o maior protagonista e em que as grandes ondas migratórias ao redor do planeta são um dos maiores desafios da humanidade. Mas essa é uma outra história, ou quem sabe, uma outra forma de a história se repetir.

Ana Júlia, que é filha de Juliana, neta de Elisa, bisneta de Tsuoshi e trineta de Rinkichi, é o mais distante em termos de tempo, mas não quando se fala de gerações. Ela é uma dos 15 *gossei*, integrantes da quarta geração de Takiguchi no Brasil – os outros são Rafael e Giulia (filhos de Eliana, netos de Rui e bisnetos de Tomoko); Natalia e Lucas (filhos de Maurício e Guilherme respectivamente, netos de Renato e bisneta de Shoji), Isadora e Júlia (filhas de Maíra e Daniel, respectivamente, netas de Alice e bisnetas de Shoji), Miguel e Gael e mais Ayala (filhos e filha de Wilson e André respectivamente, netos de Kazuaki e bisneto de Takeshi), Arthur (filho de Andrea, neto de Carlos e bisneto de Shoji), Danielle e João (filhos de Rafael, netos de Magali e bisnetos de Tsuyoshi) e mais o Pedro, o irmão mais velho de Ana Júlia.

Mas já há na família um *rokussei*, como são chamados os descendentes de japoneses da quinta geração. Trata-se de Davi, que é filho do *gossei* Rafael, uma raridade, mesmo se considerarmos toda a população de *nikkeis*[126] no Brasil. Segundo dados do IBGE, citados pelo *site* do Governo do Estado de São Paulo, vivem hoje no Brasil 1,5 milhão de *nikkeis*. Desse total, 13% são *isseis*; 31%, *nisseis*; 41%, *sanseis*; 13%, *yonseis*; e 2% são *gosseis* e *rokusseis*.[127] É de se imaginar que a imensa maioria dos 30 mil *nikkeis* a que correspondem esses 2% faça parte da quarta geração de descendentes e muito poucos da quinta. Entre eles, está Davi Kosaka, o filho de Rafael, neto de Eliana, bisneto de Rui, trineto de Tomoko e Taketo Kosaka e tetraneto de Rinkichi e Shizuyo Takiguchi.

---

126 O termo *nikkei* se refere, genericamente, ao japonês ou descendente que vive fora do Japão. *Issei* designa quem nasce no Japão e vive no estrangeiro; *nissei* é o filho do *issei*; *sansei* é o neto; *yonsei*, o bisneto; *gossei*, o trineto; e *rokussei*, o tetraneto. Oficialmente, o Japão só reconhece o direito à cidadania japonesa para descendentes até a segunda geração (*sansei*).

127 Disponível em: <http://www.saopaulo.sp.gov.br/imigracaojaponesa/historia.php>. Acesso em: 24 de agosto de 2019.

Shizuyo (sentada) e seus filhos Shoji, Tomoko, Takeshi, Tsuyoshi e Tadashi

A família de Rinkichi, com o aval dele, se abriu cedo para se integrar com a comunidade brasileira. É de se notar que os três filhos mais velhos de Rinkichi – sem contar Ichiro, que não emigrou – se casaram com *nikkeis*. Shoji e Takeshi, por sinal, escolheram parceiras nascidas no Japão nas duas vezes em que se casaram. Já Tsuyoshi casou-se com a *nissei* Dirce Kitico Sumida e Tadashi com a *gaijin* Marina Mendes. O pioneirismo de Tadashi e Marina abriu as portas do clã para os nativos. Dos 32 casamentos que se consumaram na família desde 1961, em 21 casos o noivo ou a noiva não tinham ascendência japonesa.

Pode-se presumir que a família lançou raízes profundas na terra brasileira, já que muito poucos de seus membros fizeram o caminho que, a partir do final da década de 1980, levou mais de 250 mil *dekasseguis* brasileiros para o Japão. Dos descendentes diretos de Rinkichi, apenas Rafael Takiguti Marucci, filho de Magali e neto de Tsuyoshi Takiguti, e Eliana Kosaka, filha de Rui e neta de Tomoko, passaram pela experiência do regresso à terra dos ancestrais. O caso de Dagoberto Kosaka, filho de Tomoko, é especial. Anos antes do fenômeno *dekassegui* explodir, foi trabalhar no Japão como resultado da promoção a gerente internacional de agências do Banespa no exterior. Além de Tóquio, atuou também em Singapura e Londres.

Foi com grande alegria que Rinkichi recebeu, em 1961, a notícia de que os três filhos mais velhos de Shoji haviam passado no vestibular para a melhor universidade do Brasil, para fazer os cursos mais prestigiados da academia: Renato Riotaro estudava Direito, Clóvis Kiomitsu faria Medicina e Carlos Iwao, Engenharia. Viveu o suficiente para saber da formatura de Renato e Carlos. Se mais vivesse, ele teria maior satisfação ao saber que todos os seus 21 netos graduaram em um curso universitário. O mesmo aconteceu entre os seus 26 bisnetos com idade para isso. Os esforços do persistente imigrante para trazer uma sensei que ensinasse as primeiras letras para os filhos frutificaram. O exemplo serviu como lição que não se esquece.

Se não enricou, nem voltou ao Japão em cinco anos, como pretendia, Rinkichi soube aproveitar a oportunidade que o Brasil lhe ofereceu. Mais do que uma velhice tranquila e confortável, ele, com seu trabalho e principalmente com sua clarividência, acionou o motor que impulsionou o notável salto social e econômico de seus descendentes. Nenhum deles teve de enfrentar as dificuldades pelas quais passaram Rinkichi e seus filhos nos primeiros anos de permanência no Brasil.

Renato Riotaro, depois de se formar em Direito, fez carreira na magistratura e chegou a desembargador, o posto mais elevado do Judiciário estadual. Carlos Iwao foi executivo ocupando cargo de direção na Odebrecht-CBPO, uma das maiores construtoras do país. Clóvis Kiomitsu fez carreira como professor de Medicina da USP. Atualmente já são 58 os diplomas universitários defendidos pela família, das mais variadas disciplinas. São oito em

Ciências da Computação, sete em Administração de Empresas, seis em Direito e em Comunicações e quatro em Engenharia. Há ainda arquitetos, sociólogos, desenhistas, matemáticos, odontólogos, pedagogos, bióloga, farmacêutica, fisioterapeuta e economista. As artes não foram esquecidas: tem gente na família que se dedicou à literatura, à pintura, à música e ao cinema.

A agricultura que abriu as portas da prosperidade para Rinkichi no Brasil, mas pela qual ele nunca demonstrou maior afeição, só cativou o filho Shoji. Embora tenha levado a vida em outros ramos de atividade, no final de seus dias, foi morar em um sítio em Itatiba, interior de São Paulo, em meio a plantações de caqui, uva e hortaliças. Foi o lugar que escolheu para morrer. Dois dos seus filhos, depois de se aposentar, também se voltaram para a atividade rural.

A conclusão a que se chega é que a família de Rinkichi se deu bem e isso não é uma exceção na colônia *nikkei* do Brasil. As estatísticas mostram que, em 1998, a comunidade japonesa representava 1% da população brasileira, mas ocupava 25% das vagas disponíveis nas universidades do país. Em matéria de renda, também, os *nikkeis* ocupam uma faixa acima da média nacional. Na base da pirâmide que compreende aqueles que ganham até cinco salários mínimos, por exemplo, estão 50% dos brasileiros e 20% dos *nikkeis*. Já na outra ponta, na faixa dos que ganham mais de 20 salários mínimos, se concentram apenas 6% da população brasileira em geral e 16% dos *nikkeis*. Se ainda andasse por esse mundo, o patriarca dos Takiguchi poderia dizer, com razão, que fez a coisa certa no dia em que resolveu viajar para o Brasil para vencer na vida.

Família Takiguchi 1890-2016

Rinkichi Takiguchi (1890-1966)
C. Shizuyo Irie (1890-1984)

- **Ichiro Takiguchi** (1911-1943)
  C. Tamayo
- **Ciosi Takiguti** (1915-1997)
  C. Kiku Ishii (1911-1963)
  - **Kazue Takiguti** (1936-1936)
  - **Clóvis Kiomitsu Takiguti** (1938-2016)
    C. Fernanda Amaro (1948)
    - **Filomena Mariko Takiguti** (1986)
      C. Robson Takao Shiota (1980)
  - **Renato Riotaro Takiguthi** (1940)
    C. Cleide Mitsuko Shimabukuro (1945-2008)
    C. Luzia Hiroko (1950)
    - **Cintia Takiguthi** (1971)
      C. Fábio René Rodrigues (1971)
    - **Marcos Takiguthi** (1972)
      C. Célia Emy Ushizawa (1974)
    - **Maurício Takiguthi** (1972)
      C. Elisa Emi Mineta (1971)
      - **Natália Mie Mineta Takiguthi** (1995)
    - **Guilherme Takiguthi** (1979)
      C. Silvana Denise Guimarães (1977)
      - **Lucas Guimarães Takiguthi** (2017)
  - **Carlos Iwao Taquiguthi** (1942)
    C. Yolanda Mitiko Suda (1943)
    - **Andrea Keiko Takiguthi** (1972)
      C. Antonio Carlos Mantovani (1965)
      - **Artur Takiguthi Mantovani** (2010)
  - **Darci Tizuko Takiguthi** (1944-2000)
  - **Izabel Mieco Takiguti** (1946)
    C. José Alberto Ribeiro (1946)
    - **Rubens Takiguti Ribeiro** (1984)
      C. Iúna Frike D'Ascenzi (1987)
      - **Luana Frike Takiguti** (2018)
    - **Ricardo Takiguti Ribeiro** (1987)
  - **Alice Kiyoko Taquiguthi** (1948)
    C. Maurício Cardoso Ribeiro (1949)
    - **Daniel Taquiguthi Ribeiro** (1979)
      C. Juliana Matos Leal (1982)
      - **Julia Mattos Leal Ribeiro** (2013)
    - **Maíra Taquiguthi Ribeiro** (1982)
      C. Alexandre Lemos (1980)
      C. Eduardo Monteiro (1990)
      - **Isadora Taquiguthi Lemos** (2012)
- C. Asa Kusaba (1915)

- **Tomoko Takiguti** Kosaka (1919-2012)
  C. Taketo Kosaka (1915-1974)
  - **Neusa Satiko Kosaka** (5/7/1940)
  - **Dagoberto Mitsuo Kosaka** (1942)
  - **Lavínia Miyoko Kosaka** (1944-2001)
  - **Rui Takashi Kosaka** (1946)
    C. Catalina (1946)
    - **Eliana Kosaka** (1973)
      C. Alex Pereira Campos (1974)
      - **Raphael Kosaka** (1992)
        - **Davi Kosaka** (2011)
      - **Giulia Kosaka** (2002)
    - **Lívia Kosaka** (1979)
      C. Jair Alberto Nazareth (1976)
  - **Emília Kimie Kosaka** (1955)
- **Takeci Taquiguthi** (1921-2000)
  C. Etsuko (1924)
  - **Wilson Kazuaki Takiguti** (1947)
    C. Adélia de Souza (1949)
    - **Wilson de Souza Takiguti** (1981)
      C. Amanda Érika de Freitas (1978)
      - **Miguel Yoshiaki de Freitas Takiguti** (2010)
      - **Gael Kenji de Freitas Takiguti** (2019)
    - **André Luís de Souza** (1982)
      C. Keli de Oliveira Takiguti
      - **Ayla de Oliveira Takiguti** (2019)
- C. Nobu Nakamura (1926)
  - **Roseli Tiemi Takiguti** (1967)
- **Tuyoci Tacakiguti** (1925-1991)
  C. Dirce Kitico Sumida (1934-2010)
  - **Eduardo Haruhiko Takiguti** (1955-1991)
  - **Magali Akemi Takiguti** (1956)
    C. Sidnei Marucci (1957-1991)
    - **Rafael Takiguti Marucci** (1983)
      C. Ângela Sayuri Umemura (1983)
      - **Danielle Aiko** (2004)
      - **João Masato** (2011)
    - **Renato Takiguti Marucci** (1984)
      C. Elaine Ost de Araújo (1985)
  - **Edson Issao Takiguti** (1958)
    C. Sueli Igawa (1961)
    - **Vivian Igawa Takiguti** (1987)
    - **Gabriel Igawa Takiguti** (1988)
  - **Elisa Seiko Takiguti** (1960)
    C. Eduardo Toma (1961)
    - **Daniel Takiguti Toma** (1982)
    - **Juliana Takiguti Toma** (1985)
      C. Marcus Yu Bin Pai
      - **Pedro Toma Chun Han Pai** (2018)
      - **Ana Julia Toma Chun Hua Pai** (2019)
    - **Christiane Takiguti Toma** (1989)
- **Hanako Takiguchi** (1927-1927)
- **Tadashi Takiguti** (1930)
  C. Marina Mendes (1942)
  - **Haroldo Mendes Takiguti** (1964)
    C. Rossana Storniolo Adegas (1963)
    - **Lucas Adegas Takiguti** (1994)
    - **Gabriela Adegas Takiguti** (1997)
  - **Angélica Mendes Takiguti** (1965)
    C. Cassiano D'Andrea (1966)
    - **Gustavo Takiguti D'Andrea** (2002)
  - **Cecília Mendes Takiguti** (1967)
    C. Renato Ishigami (1962)
    - **Guilherme Ishigami** (1999)
  - **Márcia Mendes Takiguti** (1976)
    C. Celso Seciliano Gonçalves (1976)
    - **Ana Takiguti Gonçalves** (2012)

Rinkichi ano a ano

1890 **21 de agosto:** Rinkichi Takiguchi nasce em Shinichi, Hiroshima. É filho de Hikotaro (1865-1918) e Tome Takiguchi (1867-1941).

1890 **13 de maio:** Shizuyo Irie nasce em Shinichi, Hiroshima. É filha de Tauzi e Uta Irie.

1909 Rinkichi e Shizuyo se casam em Shinichi.

1911 **17 de abril:** nasce Ichiro, primeiro filho de Rinkichi e Shizuyo.

1913 **7 de maio:** Rinkichi chega ao Brasil, pelo porto de Santos, a bordo do navio Daini Unkai Maru.

1913 É designado para trabalhar na lavoura de café da Fazenda Santa Constança, em Dourado, na região de São Carlos, SP.

1914 **10 de maio:** Shizuyo chega ao Brasil, pelo porto de Santos, a bordo do navio Teikoku Maru.

1915 **26 de outubro:** nasce o primeiro filho, Shoji, provavelmente na Fazenda Santa Constança (é registrado em Tabapuã, em 1922).

1916 Foge da Fazenda Santa Constança e se fixa em São Paulo. Trabalha como mordomo na casa de uma família portuguesa.

1918 Muda-se para o bairro Ibarra, entre Catanduva e Tabapuã. Trabalha como meeiro e arrendatário de terra na lavoura de café, algodão e arroz.

1919 **11 de janeiro:** nasce a filha Tomoko.

1921 **19 de abril:** nasce o filho Takeshi.

1925 **8 de junho:** nasce o filho Tsuyoshi.

1927 **10 de fevereiro:** nasce a filha Hanako, que morre em 10 de novembro do mesmo ano.

1927 Compra terras e muda-se para Córrego da Prata, na zona rural de Araçatuba.

1930 **5 de maio:** nasce o último filho, Tadashi.

1933 Casamento de Shoji e Kiku Ishii.

1934 Muda-se para Guararapes. Abre um bar e armazém de secos e molhados.

1936 Nascimento de Kazue, primeira filha de Shoji e Kiku. Ela morre em 3 de junho do ano seguinte.

1938 Nascimento de Clóvis Kiomitsu, filho de Shoji e Kiku.

1938 Shoji arrenda terra para plantar algodão no bairro de Sergipe, em Valparaíso.

1939 Casamento de Tomoko e Taketo Kosaka.

1940 Nascimento de Renato Riotaro, filho de Shoji e Kiku, e de Neusa Satiko, filha de Tomoko e Taketo.

1942 Nascimento de Carlos Iwao, filho de Shoji, e de Dagoberto, filho de Tomoko.

1942 **30 de janeiro:** Ichiro, o primogênito que ficara no Japão, morre na batalha de Guadalcanal, durante a Segunda Guerra Mundial.

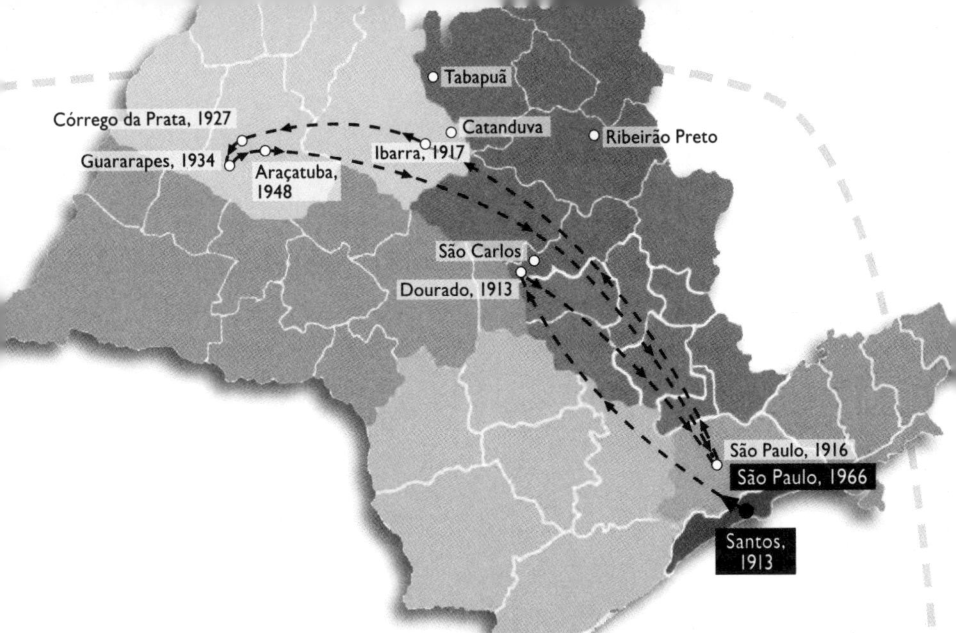

1944 Nascimento de Darci Tizuko, filha de Shoji, e de Lavínia, filha de Tomoko.
1944 Rinkichi compra um sítio em Córrego Azul, zona rural de Guararapes, onde Shoji cria gado de corte.
1946 Nascimento de Izabel Mieco, filha de Shoji, e de Rui Takahashi, filho de Tomoko.
1946 Casamento de Takeshi e Etsuko.
1947 Nascimento de Wilson Kazuaki, filho de Takeshi e Etsuko.
1948 A família muda-se para Araçatuba e abre o Foto Ritz, loja de produtos e serviços fotográficos.
1948 Nascimento de Alice Kiyoko, filha de Shoji.
1954 Família Kosaka muda-se para São Paulo.
1954 Casamento de Tsuyoshi e Dirce Kitico Sumida.
1955 Nascimento de Emília Kimie, filha de Tomoko.
1955 Nascimento de Eduardo Haruhiko, filho de Tsuyoshi e Kitico.
1956 Nascimento de Magali Akemi, filha de Tsuyoshi.
1956 Shoji muda com a família para São Paulo.
1958 Nascimento de Edson Issao, filho de Tsuyoshi.
1960 Nascimento de Elisa Seiko, filho de Tsuyoshi.
1961 Casamento de Tadashi e Marina.
1963 Casamento de Takeshi e Nobu Nakamura.
1963 **10 de junho:** morte de Kiku, em São Paulo.
1963 Renato Riotaro se forma em Direito pela USP.
1964 Nascimento de Haroldo, filho de Tadashi e Marina Mendes.
1965 Nascimento de Angélica, filha de Tadashi.
1965 Carlos Iwao se forma em Engenharia pela Escola Politécnica da USP.
1966 **3 de janeiro:** Rinkichi morre em São Paulo.
1984 Shizuyo morre em São Paulo.

O casal está enterrado no Cemitério da Lapa, em São Paulo, em um jazigo que o próprio Rinkichi desenhou.

1961

2ª PARTE

Documentos

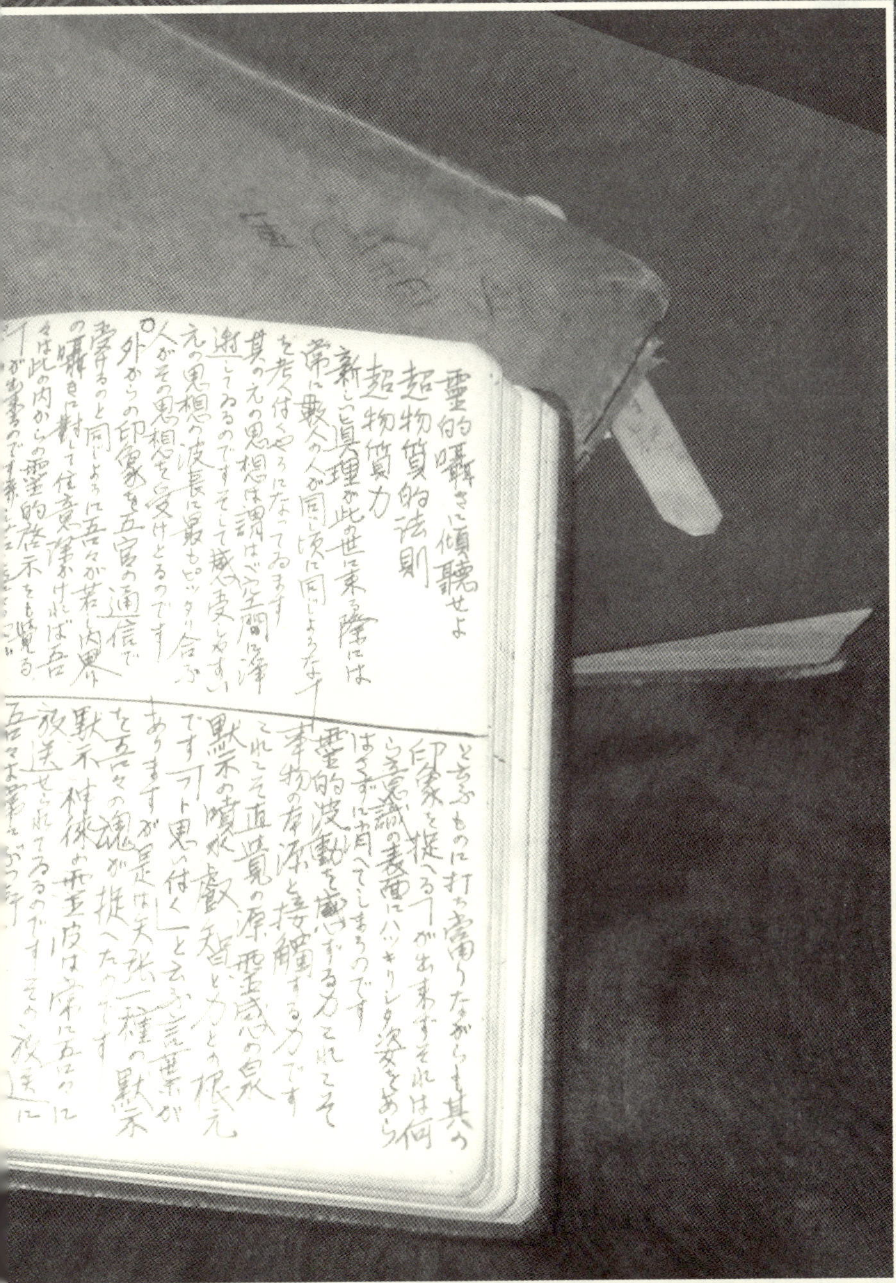

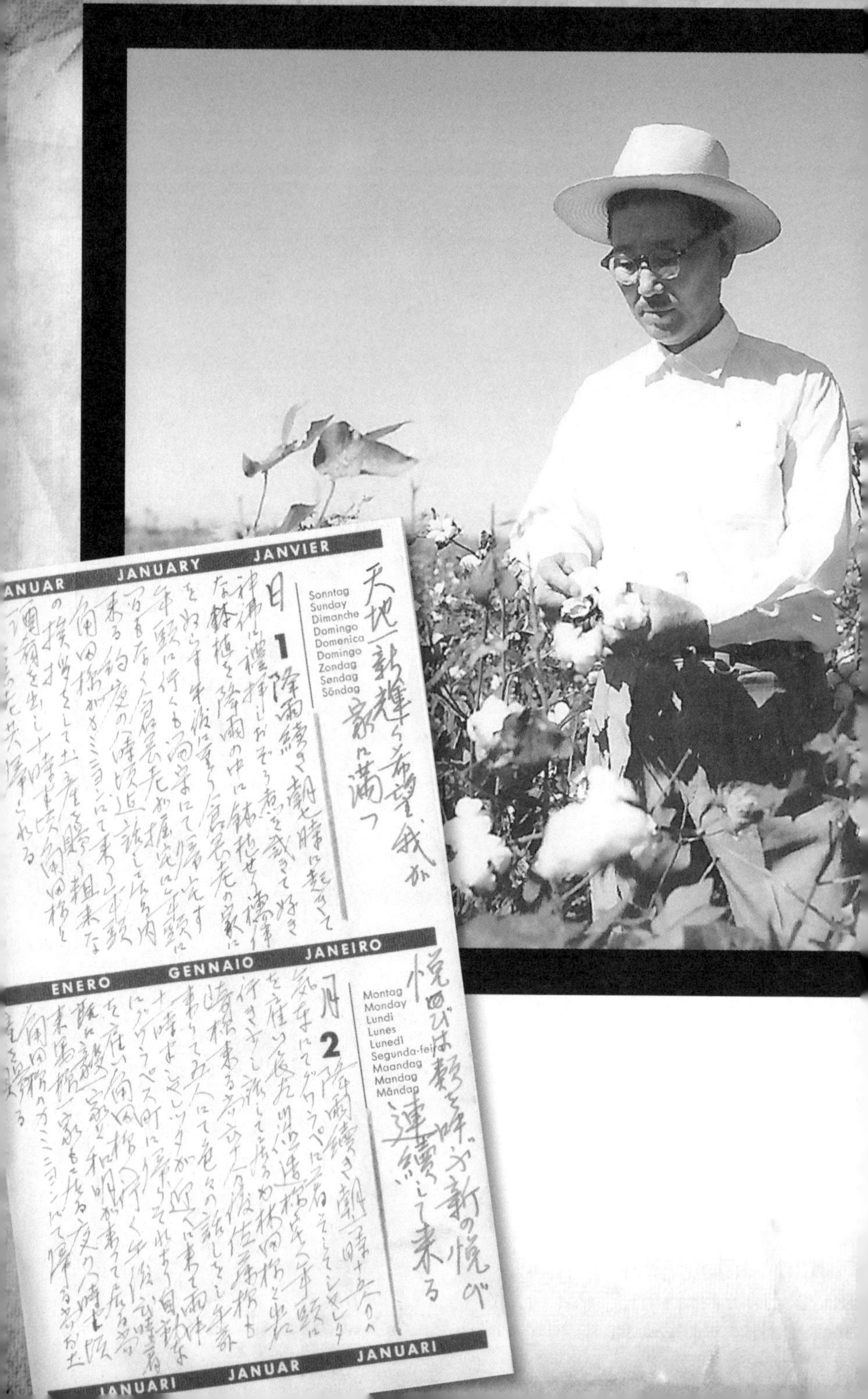

ANUAR
JANUARY
JANVIER
日
1
Sonntag
Sunday
Dimanche
Domingo
Domenica
Domingo
Zondag
Søndag
Söndag
ENERO
GENNAIO
JANEIRO
月
2
Montag
Monday
Lundi
Lunes
Lunedì
Segunda-feira
Maandag
Mandag
Måndag
JANUARI
JANUAR
JANUARI

Dois anos na vida de Rinkichi

por RINKICHI TAKIGUCHI; *data* 1961 *e* 1962

Ao longo da vida, Rinkichi anotou em um diário suas experiências e suas ideias sobre o mundo. Usava, para tanto, pequenos cadernos de antigas agendas comerciais. Escrevia em japonês e anotava tanto a lista de compras na feira como os hai-kais que criava. Registrou também os fatos mais marcantes que tiveram a ele e a família como protagonistas. Dos poucos exemplares que foram preservados, selecionamos os correspondentes aos anos de 1961 e 1962. Os textos foram traduzidos por Yoneko T. Toma, uma imigrante que nunca mais retornou ao Japão e que é madrasta de Eduardo, o marido de Elisa, neta de Rinkichi. Hajime Kato também colaborou na tradução dos textos. Cunhado de Carlos Iwao, outro neto de Rinkichi, Hajime vive hoje no Japão. Carlos fez ainda a revisão das traduções e escreveu as notas de rodapé.

1961

1 DE JANEIRO, DOMINGO. Domingo com chuva. O céu e a terra novamente brilham e enchem de esperança a minha casa. Continua chovendo. Levantei às 7h da manhã e rezei em frente ao *butsudan*[1]. Cozinhei *ozoni*[2]. Em seguida, fui cuidar do vaso de bonsai.
À tarde, fui visitar Kurashima-san, para desejar boas festas de Ano Novo, mas não o encontrei em casa. Mais tarde nos encontramos na casa de Hori-san, onde compareceu também o Sumida-san[3]. Assim passamos comemorando o Ano Novo até às 22h.

2 DE JANEIRO, SEGUNDA-FEIRA. Chuva. A alegria atrai a sorte. Com nova alegria, a sorte é atraída em série.

1 Oratório que os budistas mantêm em suas casas para orações diárias.
2 Sopa de bolinho de arroz (mochi), típica da culinária japonesa, servida tradicionalmente na festa de Ano Novo.
3 Sumida é o pai de Dirce Kitico, esposa de Tsuyoshi e nora de Rinkichi.

A chuva continua. De manhã, às 6h15, tomei o trem e viajei a Guararapes, onde aluguei uma charrete e fui visitar Hasegawa-san[4], para cumprimentá-lo pelo Ano Novo. Durante a conversa, chegaram Hayashida-san e Iwasaki-san. Depois de 20 minutos, chegou o Sato-san. Assim, os cinco amigos comemoramos esse segundo dia do Ano Novo até às 11h. Depois, novamente tomei uma charrete, embaixo de chuva, para seguir à estação e voltar para casa. À tarde, aluguei um carro e fui para a casa de Sumida-san. Lá chegando, encontrei o Tsuyoshi e o Kazuaki[5]. Mais ou menos às 20h, voltamos para casa no caminhão oferecido por Sumida-san.

---

9 DE JANEIRO, SEGUNDA-FEIRA. Viajei a São Paulo. Em São Paulo, fui de taxi à casa do meu filho Shoji. Tomei o café da manhã. Em seguida, fui à casa da minha filha Tomoko. Lá não encontrei o senhor Taketo Kosaka (genro), que, segundo Tomoko e os filhos, estava trabalhando na loja de fotos de seu irmão mais velho, em Bauru, e recebendo o seu salário. Tomoko também cuidava de obter rendimento alojando três estudantes pensionistas em sua residência. Ultimamente estão bem de vida.

---

10 DE FEVEREIRO, SEXTA-FEIRA. Às 6h da manhã, chegaram à minha casa minhas netas Neusa Satiko Kosaka e Lavínia Miyoko Kosaka. Cumprimentaram: “Bom dia, *obaba*”. Minha mulher se assustou com o aparecimento inesperado das duas netas, pois não as reconhecera num primeiro momento. Ficou um tempo parada, procurando entender o que estava acontecendo. Assim, as netas surpreenderam a avó pelo súbito aparecimento. A avó ainda chegou a perguntar algo às duas antes de se conscientizar de que eram as netas que tinham chegado, e assim todos riram e desejaram as boas-vindas. Elas passaram o feriado de Carnaval em Araçatuba. Foram também à casa de Sumida-san junto com a família de Tsuyoshi.

---

19 DE FEVEREIRO, DOMINGO. Chuva. Desde a minha chegada do Japão, em 7 de maio de 1913, quase se passaram 50 anos. Se eu fosse escrever a história passada nesses 50 anos, daria bem uns dois ou três livros. No dia 21 de agosto deste ano, completarei o aniversário de 71 anos.

---

22 DE FEVEREIRO, QUARTA-FEIRA. Chuva. O casal Shoji e Kiku tem nos servido como bom filho e boa nora. Dessa forma, os filhos deles também têm tido boa conduta, são bons alunos nos estudos e bons filhos. Assim,

4 Senhor Hasegawa é o marido de Kou Hasegawa sensei, a professora de japonês dos filhos de Rinkichi.
5 Wilson Kazuaki Takiguti, filho de Takeci e neto de Rinkichi.

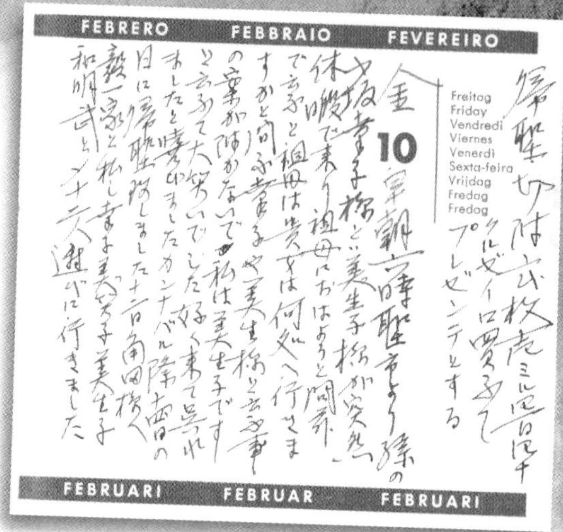

dá para eu e minha mulher vivermos tranquilamente e satisfeitos com a vida humana.

23 DE FEVEREIRO, QUINTA-FEIRA. Chuva. Às 8h da manhã, fui ao consultório do doutor Shigeo Hosoi. Às 10h, o médico, após exame, me falou que tenho problemas no fígado e na vesícula. Feita a análise de urina, foi diagnosticada diabete avançada.

24 DE FEVEREIRO, SEXTA-FEIRA. Chuva. De manhã, fui comprar remédio. Além da injeção, tomei seis ou sete comprimidos. A injeção é muito dolorida e deixa o músculo adormecido.

3 DE MARÇO, SEXTA-FEIRA. Chuva. Fiz a troca de duas mudas de pinho para bonsai, na loja de mudas de Hori-san, que tem 20 mudas de jabuticaba. O meu filho Takeshi fez dois vasos, onde plantei as mudas.

10 DE MARÇO, SEXTA-FEIRA. De manhã, recebi telegrama do meu neto Clóvis Kiomitsu dando a boa notícia de que passou no vestibular de medicina de Pinheiros (Universidade de São Paulo). A família toda aguardava a notícia, que nos proporcionou alegria e mais alegria.

16 DE MARÇO, QUINTA-FEIRA. Fiz exame de sangue e o resultado indicou que a diabete estava curada.

22 DE MARÇO, SÁBADO. Tempo bom. Recebi carta de agradecimento do meu neto Carlos Iwao, o terceiro filho de Shoji, que tinha sido cumprimentado pela aprovação em 16° lugar no vestibular de Engenharia da Escola Politécnica da Universidade de São Paulo. Todos os três filhos de Shoji estão na Universidade: medicina, advocacia e engenharia.[6]

13 DE MAIO, SÁBADO. Tadashi e Marina se casaram hoje. Após a festa de casamento, lá pelas 20h, saíram em viagem de lua de mel

6 Além de Clóvis e Carlos, mencionados anteriormente, Renato Riotaro também ingressou na Universidade para fazer Direito, na Faculdade do Largo São Francisco (USP).

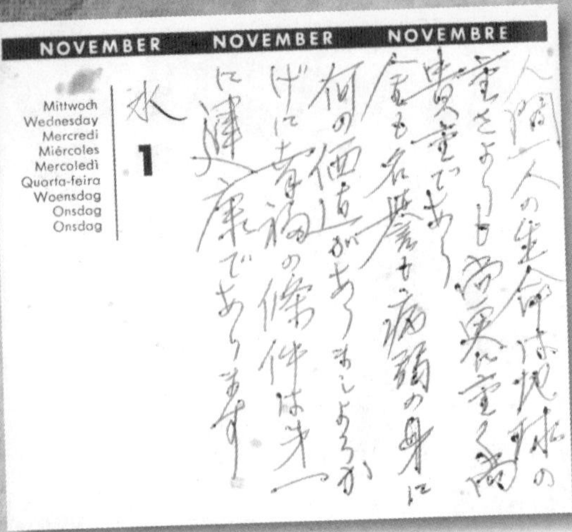

para Santos, onde ficarão aproximadamente dez dias, se divertindo na praia.

---

21 DE MAIO, DOMINGO. Hoje é domingo, mas mesmo assim abri, sozinho, a loja de comércio de foto. Havia muito movimento de entrega de fotos prontas ou recebimento de filme para revelação, ou ainda cliente vindo comprar filme. Além disso, eu atendia o telefone. Se abrisse a loja todos os domingos e continuasse por um ano, dez anos, vinte anos ou até cinquenta anos, eu ficaria rico mesmo.

---

17 DE JUNHO, SÁBADO. Compramos um carro Volkswagen.

---

18 DE JUNHO, DOMINGO. Fizemos festa pela compra do carro. As duas noras fizeram uma comida gostosa e trouxeram para a reunião da família. Passamos um dia muito feliz.

À noite, fomos com o carro para um passeio agradável no Jardim Nova Iorque.

---

25 DE JUNHO, DOMINGO. Os casais Tsuyoshi-Dirce e Tadashi-Marina foram passear na casa de Sumida-san no carro novo. Eles ainda não têm carta de motorista, foram guiando para treinar a direção. A casa de Sumida-san dista aproximadamente 30 minutos da minha casa.

---

29 DE JUNHO, QUINTA-FEIRA. Ontem, dia 28, chegou do Japão o Koji Takenawa. Ele trabalha no Ministério da Agricultura da província de Hiroshima e está pesquisando terras no estado de São Paulo, tendo ficado dois dias nesta cidade.

---

30 DE JUNHO, SEXTA-FEIRA. Vai começar o Tanomoshi, uma espécie de consórcio com participação de pessoas amigas, que se reúnem também com intuito de confraternização. Realiza-se no primeiro domingo de cada mês. Cada cota custa mil cruzeiros. Entrei com duas cotas. Quem recebe o dinheiro do mês precisa apresentar um fiador, que seja alguém da família e que se compromete assinando um documento. Um terço dos juros é depositado no grupo fraternidade.

A turma é toda do estado de Hiroshima, que veio como imigrante do Japão.

7 DE JULHO, SEXTA-FEIRA. Tsuyoshi recebeu a Carteira de Habilitação.

9 DE AGOSTO, QUARTA-FEIRA. Depois da compra do carro, todos os domingos temos ido pescar no Rio Tietê ou no Rio Feio[7], levando a família também para se divertir.

15 DE AGOSTO, TERÇA-FEIRA. Depois que voltei de São Paulo, decidi que a partir deste dia não iria mais para minha loja, porque já tenho idade de 71 anos. A minha perna está fraca e a cabeça também está ficando fraca.

5 DE SETEMBRO, TERÇA-FEIRA. Às 4h da manhã, eu, minha esposa e Tsuyoshi saímos com o Volkswagen em viagem a São Paulo. Chegamos à casa do Shoji às 14h. Fomos comprar material fotográfico. Iwao e Clóvis serviram de guia para andar em São Paulo.

5 DE OUTUBRO, QUINTA-FEIRA. De manhã, o casal Tadashi e Marina trouxe sashimi de atum e doce caseiro. Estava uma delícia. Sentimos a gratidão de pais, pelo tratamento e dedicação dos filhos.

22 DE OUTUBRO, DOMINGO. A filha do Tsuyoshi, a Elisa, vai ser batizada, tendo como madrinha a Adelaide, da família do Mário. Vieram seis pessoas.

26 DE OUTUBRO, QUINTA-FEIRA. Ganhei seis peixinhos ornamentais de Doki-san. Por isso, preciso construir um aquário de dimensão aproximada de meio metro.

29 DE OUTUBRO, DOMINGO. Durante o dia, fui pescar. À noite, fomos, eu e minha esposa com o casal Tsuyoshi e Dirce, visitar o Guengo Sumida[8], que ganhou um segundo filho.

1 DE NOVEMBRO, QUARTA-FEIRA. A vida humana tem peso maior do que o do globo terrestre,
Por ser mais preciosa;
Nem dinheiro, fama ou glória interessam para quem está doente;
A condição da felicidade é a saúde.

7 Afluente do Rio Tietê.
8 Irmão de Dirce.

19 DE NOVEMBRO, DOMINGO. Se pudesse, o meu desejo na velhice seria morar em uma ilha, que tivesse um bosque, perto da areia branca, com um rochedo para pescaria. Além disso, gostaria de cuidar de flores e formar um jardim público. Este é o meu sonho.

24 DE NOVEMBRO, SEXTA-FEIRA. Em meados de novembro, o Tsuyoshi ficou doente. Tirou radiografia três vezes e fez análise de sangue duas vezes. O médico constatou infecção de causa desconhecida no sangue. O doutor Fujiwara foi experimentando remédio por remédio, mas a febre não abaixava de 38° ou 39°. No fim, aplicamos penicilina de quatro em quatro horas, dia e noite. Eu apliquei até o dia 25 de novembro. No final, voltou ao normal e se recuperou.

8 DE DEZEMBRO, SEXTA-FEIRA. Estou sem dinheiro neste fim de ano, mas também não tenho dívidas. Tomo pinga e como qualquer coisa gostosa.

1962

1 DE JANEIRO, SEGUNDA-FEIRA. Tempo bom. Este ano eu vou completar 72 anos.
O Takeshi, aproveitando o feriado, disse que vai pescar. Eu vou acompanhá-lo na pescaria. A água do rio está suja e não deverá ter peixe.

2 DE JANEIRO, TERÇA-FEIRA. Fui à casa de Hasegawa-san[9] cumprimentá-lo pelo Ano Novo. Lá encontrei também Takahashi-san e Kikuda-san. Ficamos até 14h. Voltei para casa aproximadamente às 16h.

6 DE JANEIRO, SÁBADO. Fiquei em casa cuidando do bonsai, do canário e das galinhas. Depois fui à casa do Tsuyoshi para cuidar das galinhas e plantar flores. Lá pelas 19h, minha mulher foi assistir dança japonesa e música no templo budista (Higashi Honganji).

7 DE JANEIRO, DOMINGO. Ontem de manhã recebi carta da Dirce, esposa de Tsuyoshi, que está em São Paulo fazendo tratamento de saúde. O Tsuyoshi teve intoxicação devido a produtos químicos usados no laboratório fotográfico, tendo comprometido o fígado, estômago, coração e o pulmão. Com isso, o corpo está enfraquecido. O médico recomendou dieta de alimentação: leite, verdura, frutas.

9 Hasegawa é o marido da professora de japonês, Kou Hasegawa sensei.

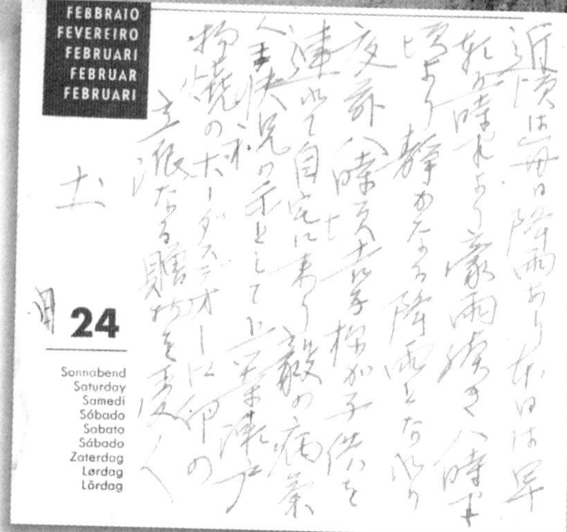

28 DE JANEIRO, SEXTA-FEIRA. Tempo bom. Tive uma forte dor nas costas. Comprei remédio para reumatismo, apliquei injeção e fiz massagem elétrica. Fiquei melhor.

3 DE FEVEREIRO, DOMINGO. O braço esquerdo da minha mulher está com problemas devido ao reumatismo. Está tomando remédio e o resultado é de 50%.

11 DE FEVEREIRO, SEGUNDA-FEIRA. O tempo está bom. Às 4h da manhã, saímos com a charanga[10] do Takeshi, juntamente com Kazuaki e Kurashima-san. Chegando perto da ponte sobre o Rio Tietê, a estrada estava tão ruim que não deu para chegar à Fazenda Albertina. Ficamos na estrada por 12 horas sem pescar.

22 DE FEVEREIRO, QUINTA-FEIRA. Tempo melhor. Fui fazer compras na feira: legumes, frutas e verduras. Takeshi veio nos buscar com a charanga. Esse carro, depois de passar pelo mecânico, ficou bom e dá para andar bem. Mas o Takeshi não tem muita prática na direção e acho perigoso.

24 DE FEVEREIRO, SÁBADO. Todos os dias tem chovido bastante. Lá pelas 8h a chuva foi diminuindo. À noite, Dirce chegou com as crianças. Agradeceu pela recuperação do Tsuyoshi. Trouxe uma bela porcelana, com gravação pelas nossas Bodas de Ouro.

9 DE MARÇO, QUINTA-FEIRA. Tempo bom. Às 6h da manhã fui à feira. Eu tenho sete galinhas brancas, que todos os dias botam de quatro a cinco ovos. Para mim, se torna um divertimento cuidar das galinhas e colher os ovos. Lá pelas 13h, o rádio anunciou que uma criança tinha se perdido. Era a filha do Itinose-san, de três anos de idade. Eu também fui procurar a criança, mas não encontrei. Mais tarde encontraram a criança perto do rio.

10 Forma como se referia ao Fusca.

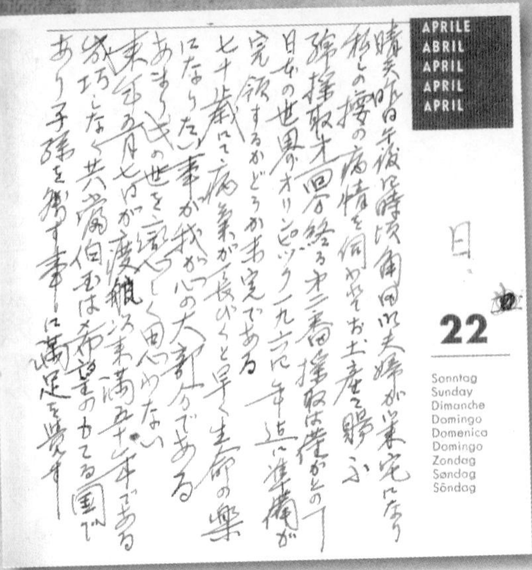

4 DE ABRIL, QUARTA-FEIRA. Tempo bom. Antes de anoitecer, a Marina, mulher do Tadashi, teve um aborto e está internada no Hospital Santa Teresinha. Eu e minha mulher fomos visitá-la. Ela estava com boa saúde.

8 DE ABRIL, DOMINGO. Às 5h30 da manhã, fui à feira fazer compras; como sempre: verduras, legumes, frutas. Depois fomos pescar na ilha do Albertinho. Pescamos curimbatá, dourado (aproximadamente 5 kg) e cascudo (aproximadamente 10 kg). Voltei às 16h40. Quando cheguei, Marina, Dirce e minha mulher estavam preparando o jantar. Prepararam sashimi de dourado. Assim as três famílias passaram o domingo.

22 DE ABRIL, DOMINGO. Tempo bom. No ano de 1964 vai ser realizada a Olimpíada no Japão. Até lá não se sabe se as obras e os preparativos estarão prontos. Com idade de 71 anos, permanecer doente e prolongar muito a vida não parece ser interessante.

No próximo ano, no dia 7 de maio, eu completo 50 anos no Brasil. Apesar de não ter tido muito êxito no meu objetivo inicial de sair do Japão para o Brasil para ganhar dinheiro, sinto muita satisfação em deixar aqui os meus filhos e netos, pois este país possui muito futuro e esperança.

13 DE MAIO, DOMINGO. De São Paulo vieram Shoji e Kiku, Darci Tizuko, Alice Kiyoko e o segundo filho de Taketo Kosaka[11], para comemorar o Dia das Mães. Ganhei muitos presentes de todos. Fomos fazer um picnic na cachoeira do Salto Botelho. Fizemos churrasco. Filmamos esse evento. Eu pretendia não ir junto por causa da dor nas costas, mas Tsuyoshi e Tadashi colocaram a cadeira espreguiçadeira no carro e, quando chegamos, a colocaram na sombra. Assim, fiquei apreciando a cachoeira e passei agradavelmente o dia.

11 Rui Kosaka.

24 DE MAIO, QUINTA-FEIRA. Às 19h, teve uma conferência no salão do Seicho-No-Ie. Tinha vontade de ir e ouvir, mas estava doente e não pude. Por isso minha mulher foi sozinha. À noite tenho dificuldade de dormir. Só lá pelas 5h da manhã durmo por uma hora. À noite preparo o banho (ofurô), com sal de banho, que esquenta a coluna e alivia um pouco a dor. Minha mulher, à noite, troca o lençol duas vezes, coloca almofada e me ajuda a virar o corpo, porque eu sozinho não consigo.

31 DE MAIO, QUINTA-FEIRA. Em 1913, no dia 5 de março, saí do Japão.
Em 1913, no dia 7 de maio, cheguei ao Brasil.
Em 1914, em janeiro, fiquei doente, com tifo. Levei 75 a 80 dias para me recuperar.
Em 1914, em maio, minha esposa chega do Japão.
Em 1919, minha mulher fica doente por dois anos, após parto do filho Takeshi[12].
Em 1932, peguei malária e fiquei doente por três anos.
Em 1934, Shoji, com apenas 18 anos, se casa com Kiku Ishii, por causa de minha doença, sem esperança de cura.
Em 1934, mudamos para a cidade de Guararapes, onde exerci atividade de bar e comércio.
Em 1941, transferi todo o comércio para o nome do filho.
Em 1940, na época da guerra, fiquei com doença[13]. Fui para tratamento em São Paulo. Voltei curado.
Em 1955, tive dor de ombro. Fui para Poços de Caldas para tratamento. O médico diagnosticou problema no fígado. Com tratamento, eu me recuperei.
Em 1961, no começo de fevereiro, fiquei com diabete e fiz tratamento com o doutor Hosoi. No final de maio, fiquei bom.
Em 1962, em janeiro, tive reumatismo na coluna, que não sarou. Já em abril, a dor continua nas costas. Tenho pedra nos rins. Continuo tratamento com o doutor Peres. Minha mulher cuida dia e noite de mim.

25 DE MAIO, SEXTA-FEIRA. Os meus netos, filhos do Shoji, estão todos na Universidade. Por isso, as despesas são muito altas. Para custear as despesas, eles dão aulas à noite no colegial, todos os dias, e ganham o

12 Há alguma inconsistência: o ano de 1919 foi o de nascimento de Tomoko. Takeshi nasceu em 1921. Na carta de Rinkichi para Shoji, datada de 20/10/1959, ele também menciona essa ocorrência.
13 Em outros relatos, se refere a uma crise de nefrite.

Rinkichi com as netas Miyoko e Satiko Kosaka: gosto de escrever cartas para a família

dinheiro para as despesas. Fico muito sensibilizado e admiro a força de vontade deles.

Eu gosto de escrever. Quando escrevo carta para o filho Shoji e a filha Tomoko, ou para os netos, sempre abordo alguma coisa com conteúdo moral. Enviar essas cartas é meu divertimento. O ato de escrever cartas acalma o espírito. Esqueço de tudo para me concentrar naquilo que escrevo. A concentração dá uma satisfação igual a de uma pescaria.

---

1 DE JULHO, DOMINGO. Está fazendo tempo bom e quente. O Edson Issao, filho do Tsuyoshi, comemora aniversário de três anos. Ele ainda é criança, mas parece um gênio. Na festinha dele, vamos passar filme de cinema em 16 mm. Reunimos o Mário-san e a mulher dele, duas cunhadas e amigas do Tadashi, o casal do dentista e o casal da filha do vizinho para assistirem ao filme.

---

13 DE JULHO, SEXTA-FEIRA. Há dois ou três dias, o tempo tem estado bom e quente. Meu estúdio fotográfico tem tido muito movimento, graças a Deus. Todos os dias, o ano inteiro, sem folga, os irmãos reunidos vêm trabalhando. Realmente, eu me sinto muito feliz. No fim deste mês ou no começo do próximo, Tadashi vai viajar de avião à Bahia para filmar gado.

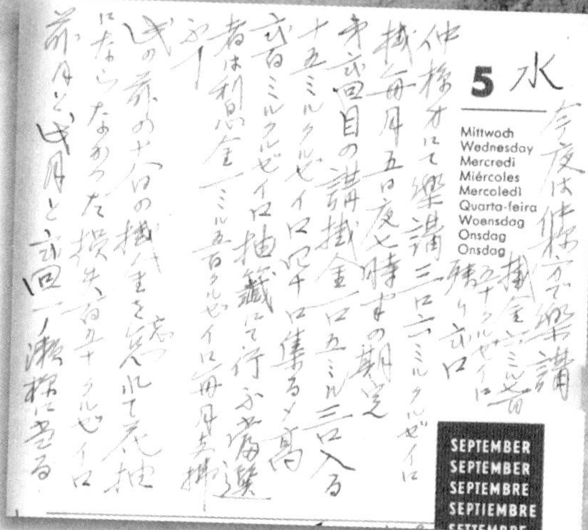

---

12 DE AGOSTO, DOMINGO. Hoje é Dia dos Pais. Fui convidado para almoçar na casa do Tadashi. Ganhei de presente uma tesoura japonesa de poda de bonsai e *mochi*[14]. Ficamos brincando de jogar baralho até meia-noite. De manhã, fui visitar Kurashima-san.

---

21 DE AGOSTO, TERÇA-FEIRA. Celebramos a cura completa das minhas costas. Comemoramos também o aniversário da Izabel Mieco[15] e os meus 72 anos. Convidamos a família do Tsuyoshi e do Tadashi e, depois da festa, jogamos baralho até a meia-noite.

---

5 DE SETEMBRO, QUARTA-FEIRA. Começou o Tanomoshi[16], que vai ser feito na casa do Naka-san, reunindo 40 pessoas, todo dia 5 de cada mês, às 19h. Hoje o sorteado foi Itinose-san.

---

16 DE SETEMBRO, DOMINGO. Ontem fomos pescar com Takeshi, Tadashi e Kazuaki. A pescaria foi boa. Pescamos aproximadamente 10 kg. Quando eu peguei uma piaba grande, de tão pesada, a vara entortou. Puxei a linha e o peixe caiu no barranco. Eu também caí e bati as costas. Hoje estou descansando na cama, pois voltou a dor nas costas.

---

14 Bolinho de arroz típico da culinária japonesa, feito ritualmente – os homens batem o arroz no pilão, enquanto as mulheres borrifam com água a massa que vai se formando – e servido principalmente em datas festivas, como o Ano Novo.

15 Segunda filha de Shoji e Kiku, que ficou em Araçatuba, morando com os avós, quando os pais se mudaram, com o restante da família, para São Paulo.

16 Espécie de consórcio financeiro em que um grupo de pessoas contribui mensalmente com uma quantia por um período determinado. A cada mês, um dos membros é sorteado para receber, como se fosse um empréstimo, o valor das parcelas arrecadadas no período.

滝口林吉

Estudar é como
subir uma ladeira
empurrando um
carrinho; se parar,
volta-se para trás.

Rinkichi Takiguchi

DIÁRIOS[17]

O pensamento de Rinkichi

(FRAGMENTOS)

por RINKICHI TAKIGUCHI; *data* 1957 *a* 1962

Religião[18]

• • •

O homem é um ser ínfimo; uma espécie de fungo que vive neste Universo.

• • •

É importante que nós procuremos aprimorar nossas almas para nos aproximar da perfeição como santos do budismo ou do cristianismo.

• • •

Nosso corpo físico é muito limitado, mas a alma pode atingir a vida eterna e nos libertar das tribulações desta Terra.

• • •

Nós precisamos acreditar que o homem é filho de Deus.

• • •

A essência do homem não é o corpo, mas sim a alma.
Sem alma, ele não seria homem.

• • •

Quando acordar de manhã, diga 20 vezes: Eu sou filho de Deus. Devo amar todas as pessoas e ser amado por todos. Coisas boas virão para mim.

• • •

Procure Deus no seu interior; não o procure no mundo externo.

17 Texto original em japonês. Tradução de Hajime Kato; revisão de texto e notas de Carlos Iwao Taquiguthi. Esses fragmentos contêm textos poéticos, pensamentos e reflexões de Rinkichi sobre a existência e a condição humanas.

18 Nos últimos anos de sua vida, Rinkichi aderiu ao Seicho-No-Ie, ramo religioso que incorpora doutrina e crenças do Cristianismo e do Budismo.

Filosofia de vida[19]

• • •

Boas oportunidades existem sempre.
Cabe a nós captá-las e não deixá-las escapar.

• • •

As boas oportunidades vêm para as pessoas que estão atentas.

• • •

Não deixe para amanhã, faça hoje.

• • •

Arrogância traz perdas, modéstia traz lucros.

• • •

A força da língua vence a força da espada.

• • •

Não trabalhe para os outros, mas para si mesmo.

• • •

Quem se dedica a grandes obras, vive mais.

• • •

O algodão veste outros, mas vive pelado.

• • •

Perseverança é a primeira condição para o sucesso na vida.

• • •

Dinheiro poupado é o mesmo que dinheiro ganho no trabalho.

• • •

Estudar é como subir uma ladeira empurrando um carrinho.
Se parar, volta-se para trás.

• • •

Quem pretende fazer negócios deve começar por baixo.

• • •

Faça a cabeça trabalhar antes de usar as mãos.

• • •

Pessoas ao seu redor são espelhos que refletem a sua pessoa.

• • •

Antes de culpar os outros, pense na sua responsabilidade.

• • •

A melhor coisa para a longevidade é trabalhar e trabalhar.
Água corrente não apodrece.

• • •

Não conte com as pessoas, conte com o céu.

• • •

O inverno passa e vem a primavera.

---

19 Coleção de frases, adotadas por Rinkichi como lemas de conduta de vida. Algumas das frases estão em forma de poesia de 5-7-5-7-7 sílabas (forma poética conhecida como tanka ou waka, em japonês), ou de 5-7-5 sílabas (haikai, forma de maior valor artístico, por ser mais concisa). A tradução não se preocupou com a forma, apenas com o conteúdo.

Família

• • •

O amor dos pais é mais alto que o monte Fuji.

• • •

Assim como deuses, homem (YOU) e mulher (IN) ficam unidos pelo casamento e criam um lar.

• • •

Marido e mulher não são duas pessoas, mas sim uma pessoa integrada.

• • •

Importante na família não é o dinheiro, e sim a harmonia com que o marido e a mulher vivem.

• • •

Não dê ou deixe dinheiro para os filhos; dê educação para eles.

• • •

Marido e mulher devem andar juntos, como se o pé de um estivesse amarrado ao pé do outro. Se um errar o passo, os dois caem.

. . .

Uma mãe inteligente vale como 100 professores.

. . .

Sirva seus pais hoje, pois amanhã eles podem não estar aqui.

. . .

Seria muito insensata a pessoa que, procurando dinheiro e fama a vida inteira e com muitos sacrifícios, chegasse à velhice sem ter paz e tranquilidade.

. . .

Eu posso não ter nada de sabedoria, mas sem mim, pelo menos, faltará um trabalhador na família.

. . .

O mais importante é os filhos cuidarem dos pais, assim como os pais cuidaram dos filhos.

. . .

Quando os filhos começam a cultivar os sentimentos de respeitar os pais, pode ser que eles não estejam mais neste mundo.

Vida

. . .

Sou uma árvore e o tempo é inverno.
Estou sem folhas, mas não estou morto. Estou suportando o rigor do inverno. Todos os seres enfrentam as dificuldades do inverno com a esperança da chegada da primavera. Não se desespere. Virá a primavera.

. . .

O mais importante na vida de um homem é cultivar em si e em outros uma personalidade nobre e forte.

. . .

Amor significa oferecer coisas boas para todos.
Oferecer não somente dinheiro, mas bondade e carinho.

. . .

Dar aos outros não diminui o que você tem. Aumenta.

. . .

Mesmo para tratar de um negócio pequeno e insignificante, atenda as pessoas com o máximo de sinceridade e bondade. É o segredo do seu sucesso.

. . .

Rir é o melhor remédio para acabar com a ansiedade e a preocupação.

. . .

A maquiagem pode esconder defeitos externos de uma pessoa, mas não consegue esconder defeitos do interior da pessoa.

. . .

Leia 100 vezes e compreenderá o que está escrito.

. . .

Uma vela queima o próprio corpo para iluminar o ambiente.

····

Alegria! Alegria! Velho, mas brincando de pescaria.

····

Pescadores têm sonhos e cada um guarda em segredo a sua técnica.

····

Num barquinho de pesca. Rapidamente o silêncio cobre tudo.

····

Flores de vermelho intenso. Até dói os olhos ao contemplar.

····

Dar água ao bonsai; sempre uma alegria.

····

Cultivar flores dá o maior prazer para mim e o maior consolo ao meu coração.

····

O lavrador dorme cedo e acorda cedo. Via Láctea no céu.

Política

····

A Inglaterra foi derrotada 5 vezes nas guerras contra França, Rússia e Alemanha. Muitos países que perderam a guerra no passado tornaram-se potências mundiais. O esforço do povo e a educação foram as principais causas do sucesso.

····

Napoleão começou a ganhar muitas guerras, mas acabou perdendo da Rússia. O Kaiser e Hitler também perderam guerras. Mas 34 anos depois, a Alemanha recuperou a sua força através do excelente sistema de educação. Com certeza será uma potência mundial dentro de 20 anos.

Versos para a mulher

····

Bebê nas costas; a esperança do futuro; a esposa vara a noite trabalhando.

····

Derrotado pela mulher, eu mato as moscas para distrair.

····

Coitada da minha mulher; não dorme um instante sequer para cuidar de mim.

····

Empurrada pelo marido e o filho, a mulher vai para a escola noturna.

····

A mulher parou de falar; cansada de lavar roupas.

····

Minha velha mulher se curva para lavar pratos; profundo sentimento de pena.

····

A mulher corta uma laranja; contemplo o perfil dela;
sinto a preocupação dela com o marido doente.

····

Extrema pobreza em casa; e a mulher vara a noite.

····

Com muletas, no meio da multidão que se dirige ao cemitério.

····

Deixando o filho com a mãe, a mulher vai ao cinema descansar.

····

Marido e mulher moram separados; longa noite de outono.

Versos para os netos

····

Outra vez sonhei com os netinhos esta noite; chamo os nomes deles; é madrugada.

····

Comprei lembranças da terma; netinhos vêm correndo cantando ojiji, ojiji!

····

Relembrando os acontecimentos do ano passado, vamos comemorar
o Ano Novo de 1957. Parece que estou no mundo dos sonhos,
olhando o rosto risonho do neto com seus olhos brilhantes.

Versos de saudades

····

Ano Novo!
Lembro que meus pais falavam sempre de Kadomatsu[20] *da terra natal.*

····

Estou longe dos meus pais, que não estão neste mundo;
imigrei para esta terra; não dá para voltar para a terra natal;
eu estou aqui preparando o ihai[21] *deles.*

····

Estou feliz. Imigrei para cá e o tempo passou; aqui é a minha terra.

····

Comendo soba[22] *de passagem de ano,*
tenho saudades do tempo da minha infância no Japão.

---

20 Kadomatsu é um ornamento japonês, feito de bambu e de ramos de pinheiro, que se coloca na porta das casas no Ano Novo.

21 Ihai é a placa votiva com o nome dos ancestrais que é colocada no butsudan, o pequeno altar presente na casa das famílias budistas.

22 Prato típico japonês feito de macarrão, molho picante e cenoura. A lenda diz que comer soba no último dia do ano atrai dinheiro.

* * *

*Ganhei flores bonitas; faço arranjo no altar; vejo um feixe de luz.
É uma hora da madrugada.*

* * *

*Nuvens pesadas depois da chuva; não tem ninguém nas ruas;
tristeza de uma tarde vazia.*

* * *

*Canários cantam alegremente dentro da cesta pendurada no quarto.
De repente, vêm à minha mente imagens da velhice confortável.*

* * *

*Minha filha está longe de mim; não dá para vê-la;
então, escrevo meus desejos para ela.*

* * *

*Quando a andorinha desta terra retorna para o seu ninho? Em sonhos,
minha terra natal me chama para voltar para lá com sucessos realizados.*

* * *

*Flores de laranjeira na minha terra natal;
aquela casinha próxima das montanhas; saudades da mãe bondosa.*

* * *

*Ah! Flores de crisântemos[23]! Crisântemos cobertos de orvalho!
Crisântemos no meio da geada! Assim deve ser o caráter de um homem.*

* * *

*Terra natal na minha memória; o céu está sempre azul;
cotovias alegremente voando no alto.*

* * *

*Chuva triste nas ruas da cidade.
Meu coração voa para as montanhas e os rios da terra natal.*

* * *

*Surpreso com o crescimento do meu filho;
passou a minha altura; e já mudou a voz.*

* * *

Visitei o túmulo; grilos cantam ao redor; a tristeza me envolve.

* * *

*Tenha paciência agora. Entendo que a separação é difícil.
Mas, eu vou partir para uma vida nova. Entenda-me.*

* * *

*Uma flor que conheci desde a infância. Vou partir agora.
É a última vez que vejo a minha terra natal.*

* * *

*Um dia, através de uma brecha que se abre entre as nuvens,
eu contemplo Deus com clareza.*

23 Flor símbolo da família imperial japonesa.

Depoimento sobre a Família Takiguchi[24]

POR CIOSI TAKIGUTHI, 1996

O avô de Rinkichi Takiguchi se chamava Eisuke Takiguchi. Morreu em 21 de maio de 1906, com 66 anos. A avó de Rinkichi Takiguchi morreu em 17 de setembro de 1918, com 72 anos. O pai de Rinkichi Takiguchi morreu em 24 de setembro de 1918, com 53 anos. A mãe de Rinkichi Takiguchi morreu em 15 de outubro de 1941, com 74 anos[25].

Rinkichi Takiguchi era filho único de Hikotaro e Tome Takiguchi. Estudou até o primeiro ano ginasial. Por causa de uma briga com um colega de escola num jogo de tênis, abandonou o estudo e foi trabalhar em uma loja de tecidos.

Em 1909, casou-se com Shizuyo Irie. A família dela tinha três filhas. Shizuyo era a filha do meio; a irmã mais velha era a herdeira da família; a irmã mais nova casou-se e foi morar no estado de Utah, nos Estados Unidos.

Rinkichi Takiguchi empregou-se numa loja de tecidos, onde trabalhou por vários anos. Ficou prático no ramo de tecidos, mas não queria trabalhar a vida toda de empregado. Queria abrir uma loja, mas precisava de muito capital.

Nessa época, o governo [japonês] fazia muita propaganda para a população emigrar. A América do Sul era o continente preferido pelos emigrantes de todo o país. Em 1908 houve a primeira emigração japonesa para o Brasil, no famoso navio Kasato Maru. Para sair como imigrante, exigia-se que a família tivesse certo número de trabalhadores; um casal apenas não seria aprovado. Rinkichi convidou seu tio, irmão do pai, Yoichi Takiguchi. Formou assim uma família composta e veio para o Brasil, deixando a esposa Shizuyo temporariamente no Japão.

24 Texto revisado por Carlos Iwao Takiguchi.
25 Em seu Diário, Rinkichi registra a morte da mãe em 15/12/1941.

Shoji com a mulher, os pais e os filhos, por volta de 1950

O plano era trabalhar no Brasil por um período de três a cinco anos, no máximo, e voltar para o Japão, com bastante dinheiro.

Embarcou no Porto de Kobe em 1913, no navio de carga Daini Unkai Maru. Era a quinta imigração para o Brasil. Foi sorteado para trabalhar na Fazenda Santa Constança, propriedade de Carlos Botelho, ministro da Agricultura[26] da época, na cidade de Dourado, Linha Douradense, perto de São Carlos.

Para Rinkichi, que nunca tinha trabalhado nesse tipo de serviço, o trabalho na roça era muito pesado. A mão ficava cheia de bolhas d'água, que o impediam de trabalhar. Não podia conversar porque não sabia a língua portuguesa. Por intermédio de intérprete, transmitia e recebia a comunicação necessária. O mais difícil era fazer compras, já que não sabia os nomes das coisas em português.

26 Na verdade, Secretário da Agricultura do Estado de São Paulo.

Com muita dificuldade, fazia gestos para explicar o que queria comprar. Por *exemplo, para comprar ovo, fazia o gesto da galinha cantando co-có-ró-có; agachava com gesto de fazer força para botar o ovo e fazia um círculo com o dedo, para explicar que o que queria comprar era ovo.* Assim, *a comunicação era bastante difícil.* Quando *começou a entender alguma coisa, já se tinham passado de* 10 *a* 15 *anos.* O *plano de voltar para o* Japão *depois de três a cinco anos, com bastante dinheiro, nem em sonho.*

Em 1914, *Shizuyo deixou o filho mais velho com a sogra, embarcou no navio* Hawai-Maru[27] *e chegou ao* Brasil *em maio de* 1914. Eu, *Shoji, nasci em* 1915.

A *turma de imigrantes da* Fazenda *fugiu à noite e* Rinkichi *também fugiu, com destino a* São Paulo. Eu, *Shoji, tinha nessa ocasião* 4 *anos de idade*[28]. O *papai trabalhou de faxineiro.* A*qui também mal dava para comer.*

Depois de um ano, retornou ao interior, perto de Catanduva, *na linha* Ara*raquarense.* N*uma propriedade dos irmãos* Nunes, *pegou um cafezal que estava com dois anos de plantio para entregar com seis anos.* Por *azar, no ano seguinte caiu uma geada muito forte* (1918) *e queimou todo o café, que já estava fora da cova*[29]. *Dessa época em diante, papai começou a beber.* A*o fim de seis anos, papai não teve a renda desejada, por causa da geada.* N*essa jornada, o* Nisao Sasa*ki trabalhou uma temporada para o papai como empregado mensalista.* Mais *tarde, tornamos a morar no mesmo bairro, o* Bairro Córrego *da* Prata *em* Araç*atuba.*

O *tio Yoichi Takiguchi também plantou café com contrato de seis anos junto com vários colegas, na propriedade do senhor* Dante, *vizinho do papai.* A *geada não o atingiu porque o café estava dentro da cova. Yoichi Takiguchi, quando terminou o contrato, já tinha faturado o suficiente para regressar ao* Japão. *Papai mudou-se para outra fazenda, a* São Silvestre, *onde fez um contrato de três anos na lavoura de café, como meeiro.* Quando *morávamos nesse local, o papai me matriculou na escola na cidade de* Ibarra[30], *perto de* Catanduva, *distante* 4 *km,*

27 Shoji se equivocou de navio. Shizuyo viajou pelo Teikoku Maru, que chegou ao porto de Santos em 10 de maio de 1914.

28 Quando a família fugiu da Fazenda Santa Constança, Shoji tinha, provavelmente, 1 ano de idade.

29 Refere-se à prática adotada pelos agricultores de cobrir a planta com terra para evitar que ela seja queimada pela geada. Como Rinkichi não fez isso, perdeu a lavoura. No caso de Yoichi, como o café, recém-plantado, não havia brotado ainda, não foi afetado pela geada.

30 Trata-se do Distrito de Ibarra, então pertencente a Catanduva e hoje município de Catiguá.

que eu percorria diariamente a cavalo. Quando terminou o contrato, um colega da turma de Yoichi Takiguchi, Ueda-san, veio oferecer a metade de sua propriedade de 20 alqueires, no município de Araçatuba, no Bairro Córrego da Prata. Papai concordou em comprar o imóvel de 10 alqueires de Ueda-san.

A família de Ueda-san e nós mudamos no mesmo dia, em dois caminhões; o primeiro, um Ford e o outro, um Chevrolet. Mudamos em 13 de junho de 1927. Com oito meses de escola, tive que abandoná-la para mudar para Araçatuba, bairro Córrego da Prata.

Sasaki-san, que tinha trabalhado para o papai, também tinha comprado 10 alqueires de terra no local, onde já residia havia dois anos. Ficamos na casa de Sasaki-san até desmatar o terreno e construir a nossa casa. Papai empreitou o desmatamento e depois plantou 8 mil pés de café. Na época, o café valia ouro.

Em 1929, o bairro já contava com 40 a 50 famílias de imigrantes, que formaram uma Associação para construir uma escola de língua japonesa. A primeira professora chamava-se Kou Hasegawa, que era nossa professora. Com 14 anos, comecei a estudar o primeiro ano. Em dois anos terminei o correspondente ao sexto ano primário japonês.

Em 1927, eu vi o primeiro avião teco-teco a voar.

Em 1930, minha mãe teve tracoma nos olhos e o papai tratava os olhos dela fazendo raspagem.

Em 1931, Hosokawa-san, que era da Colônia, veio convidar para fazer uma pescaria no Rio Feio, perto de Alto Pimenta. Papai, eu e mais oito pessoas fomos no caminhão de Hosokawa-san para Rio Feio e ficamos uma semana pescando. As pessoas da turma que não bebiam, quando escurecia às 19 horas, subiam no caminhão para dormir, sob a coberta de lona. As pessoas que gostavam de beber dormiam debaixo do caminhão. Iam dormir já embriagadas e não se cobriam. Os pernilongos picavam elas a noite toda. Uns 10 dias depois da pescaria, as pessoas que dormiram embaixo do caminhão começaram a ter febre alta. Era a maleita[31]*. Maeda-san em pouco tempo faleceu e Hosokawa-san também. Ueda-san e papai também ficaram doentes de maleita. Tomavam quinino e injeção de Paludan. O quinino é um*

31 O mesmo que malária.

remédio muito forte e prejudicial ao fígado. Dessa época em diante, papai nunca mais endireitou, estava sempre doente. Depois que veio para o Brasil, bebia muita pinga, o que prejudicou muito o estômago e o intestino. Ficava o ano inteiro com disenteria.

Nessas alturas, a mamãe ficou ruim dos olhos, não podia trabalhar, e o papai com maleita também não podia trabalhar. Eu e minha irmã Tomoko é que trabalhávamos, cuidando da roça. Até hoje não me esqueço do Ishii-san, pai da Glória, e sua cunhada Kiku, depois minha esposa, que vieram nos ajudar por 15 dias. Nesse tempo, o papai e a mamãe permaneciam sempre doentes.

Um dia o papai, preocupado com a doença dele e da mulher, chamou Ueda-san, que morava vizinho a Ishii-san, e disse que queria arrumar uma moça para casar com o filho Shoji (Shoji era o nome correto, que no Cartório passou a ser escrito Ciosi). Ueda-san informou que o vizinho Ishii-san tinha em sua casa uma moça muito boazinha e trabalhadeira. Ueda-san conversou com ela, que aceitou e nos casamos no dia 28 de outubro de 1933. Eu tinha completado 18 anos no dia 26 de outubro e ela tinha completado 22 anos no dia 9 de setembro. Ueda-san foi então o nosso padrinho de casamento.

Em 1932, o café estava ao redor de 60 cruzeiros o saco de 40 kg. Em 1933, caiu verticalmente para 8 a 10 cruzeiros o saco. Aqui também houve fracasso no plano de renda do papai. Ele resolveu vender o sítio de café.

Em 1935, ele vendeu o sítio de café e mudou para a cidade de Guararapes, onde comprou um bar. Eu e Kiku trabalhamos de empregados na Casa Dias, estabelecimento de secos e molhados, ela no serviço doméstico e eu na loja.

Em 1936, nasceu minha primeira filha, Kazue. Eu tinha 23 anos. Eu comprei uma carroça e um burro e vendia lenha na cidade. Quando não tinha lenha para entregar, fazia carreto.

Em 1937, fui trabalhar de carregador de sacos numa beneficiadora de café e algodão.

Em março de 1938, fui colher algodão no Bairro de Sergipe, no município de Valparaíso, para o Shiguemoto-san.

O Shiguemoto-san tinha uma área de três alqueires abandonados. Arrendei essa área para plantar algodão. Tinha muita formiga. Gastei

52 quilos de arsênico e enxofre para matar as formigas. Nesse ano faturei 10.000 cruzeiros, que dei ao papai.

À noite andava de casa em casa para tirar pedido de mercadorias e depois fazia a entrega. No Natal, faturava um dinheiro.

No dia 15 de maio, nasceu o Clóvis.

No ano seguinte, 1939, eu tinha o plano de arrendar mais dois alqueires de terra em continuação à plantação anterior.

Em 1939, o papai me disse que neste ano eu teria que voltar [para casa], porque a Tomoko ficara noiva de Taketo Kosaka e, ela casando, a Kiku precisaria ajudar a mamãe. Por esse motivo, tive que voltar para a casa do papai.

Abri um mercadinho num salão em frente da casa onde morava.

Em 1940, nasceu o Renato.

Em 1941, veio uma firma algodoeira do Japão, para a qual comecei a trabalhar de comprador de algodão, ganhando comissão.

Em 1942, nasceu o Carlos.

Em 1944, nasceu a Darci; e, nesse ano, papai comprou um sítio de pasto de 25 alqueires do Kishimoto-san, no bairro Córrego Azul, que fazia divisa com a fazenda do doutor Grota.

O Tsutiya-san, que era meu vizinho quando morávamos em Sergipe, veio residir em Guararapes. Ele me emprestava dinheiro a juros. Comecei a criar e a negociar gado. Em 1946, nasceu a Izabel. Nesse ano comprei mais 20 alqueires de terra, com o lucro do negócio de gado. Cheguei a possuir 250 cabeças de gado.

Nesse ano de 1946, meu irmão Tadashi ficou prático em fotografia e papai veio me dizer para vender a propriedade, abrir um ateliê de fotografia para toda a família trabalhar em sociedade. Daí Tsuyoshi e Tadashi não precisariam mais de trabalhar de empregados.

Fui a Araçatuba procurar um local para abrir o ateliê fotográfico. Descobri, na esquina da Praça Rui Barbosa, o local mais elegante de Araçatuba, uma loja de confecções em decadência. Fui conversar com o dono da loja e fechamos o negócio de compra do ponto. O aluguel era de 1.200 cruzeiros, o mais caro da cidade. Voltei para casa e vendi 74 cabeças de gado por 26 mil cruzeiros e fui junto com o Tadashi a São Paulo comprar apetrechos para o ateliê fotográfico.

Em 1948, mudei para Araçatuba; logo nasceu a Alice.

Depois que comecei a criar gado, sonhava em adquirir uma grande área de terra em Mato Grosso. Em 1952, José Torquato me ofereceu uma parte de sua terra devoluta que adquiriu do governo. Saímos de Araçatuba numa caravana no caminhão dele para Barra do Garças. Comprei mil alqueires de terra por 400 cruzeiros, pagável em três anos. Descobrimos que ali tinha mais terra devoluta. Foram umas sete pessoas. Todas elas requereram terra devoluta. O Governo permitia até 10 mil, ou seja, 4 mil alqueires de terra para cada pessoa.

A pessoa que requeria ia pagando as parcelas. Chegou o último Edital de Pagamento e eu não tinha dinheiro. Fiquei uma semana sem poder dormir, pensando como ia me arrumar para pagar essa parcela. No fim, vendi pequena parte da terra e paguei a parcela. Fiquei surdo por causa deste problema. Em 1955, eu terminei de pagar todas [as parcelas] e recebi a escritura definitiva do governador do estado de Mato Grosso, senhor Fernando Correia.

O senhor Frederico Rondon, neto do famoso marechal Rondon, foi o engenheiro que fez a medição da minha terra. Ele também tinha terra divisando comigo na parte de campos. Nessa época, 2% da arrecadação do Brasil eram destinados a financiamento para abertura da Bacia Amazônica. Eu e Rondon combinamos requerer financiamento para começar a abrir a fazenda. Meu plano era mudar no começo de 1956 para Barra do Garças.

O papai era contra comprar terra em Mato Grosso. Com o dinheiro que comprou a terra, queria construir uma residência para ele. Um dia ele me chamou e disse que eu estava querendo ir para Mato Grosso e abrir a fazenda e futuramente ser um grande invernista. Ele não concordou em eu levar a criançada para residir no meio dos índios. Ele preferia ter os filhos com estudo a ter fazenda. Ele me disse que eu poderia decidir por mim, estava apenas transmitindo o pensamento e a recomendação dele.

Não dormi a noite toda pensando.

No dia seguinte, decidi me mudar para São Paulo. Eu disse para todo o pessoal da casa: "vou mudar para São Paulo, sem dinheiro e sem profissão. Vou tentar até onde puder, não tenho certeza de dar faculdade para todos os filhos e filhas". Saí de Araçatuba rumo a São Paulo no dia 20 de janeiro de 1956. Nesta data fiquei independente.

Tive duas oportunidades de ganhar dinheiro, com 40 anos de idade. Uma, quando fui para Sergipe. Se continuasse, em cinco anos faria um bom patrimônio. Outra, em Córrego Azul, quando criava gado. Em três ou quatro anos comprei 20 alqueires de terra com o lucro do negócio de gado.

Em São Paulo, no primeiro atendimento a anúncio de emprego, perdi 30 mil cruzeiros. Caí numa arapuca. Depois consegui trabalhar como vendedor de balas. Faturava 4.500 [cruzeiros] por mês. Clóvis trabalhava na firma Cássio Muniz e estudava o primeiro Científico. Carlos trabalhava e estudava o terceiro ginasial à noite. A Kiku costurava até altas horas da noite.

Um dia veio um dos irmãos da fábrica de doces Produtos Alimentícios Gurupy Ltda e me convidou para trabalhar de vendedor da fábrica. Comecei a trabalhar na Fábrica de Doces Gurupy ganhando comissão de 2 cruzeiros por quilo. Trabalhei nesta firma até 1959, como vendedor. Depois comprei a Fábrica, continuando até 1962. Nesse ano fiquei com início de úlcera. O médico aconselhou a fazer operação. Vendi a fábrica de doce e comprei uma casa na Rua General Góis Monteiro, 339, onde dei entrada de 2.500 cruzeiros.

Em 1959, a Kiku me acordou numa madrugada e disse que estava com falta de ar. Esperamos amanhecer e a levei ao médico do coração, doutor Tranchesi, professor da Medicina da USP. Com o tratamento, o coração dela ficou bom. Em 1962, a Kiku foi internada no Hospital do Carmo, com insuficiência renal. Ficou em estado de coma. O doutor Nakamura disse que eu não tinha condições de continuar o tratamento. O Clóvis estava no segundo ano de Medicina, conversou com um professor e ele imediatamente mandou transferir a mãe para o Hospital das Clínicas. A Kiku fez o tratamento, ficou boa e o professor deu alta. Voltou para casa, passou uma semana e ficou ruim de novo. Foi internada no Hospital das Clínicas e daí a uns dias entrou em estado de coma de novo. Veio a falecer no dia 10 de junho de 1963 e foi sepultada no dia seguinte, 11 de junho de 1963.

Carta 1[32]

De: **Rinkichi Takiguchi** - Brasil
Para: **Tome Takiguchi, Ichiro e Tamayo**[33] - Japão

Depois que a guerra terminou (já se passaram três meses), pensei em enviar carta para a família no Japão. Com imensa saudade, nem sabia como começar a escrever; somente saíam lágrimas dos olhos. Como vai a família? Como passaram durante o tempo da guerra. Será que estão bem, com saúde?

Guararapes, novembro de 1945

Saudosa mãe, filho Ichiro e nora Tamayo: gostaria de saber sobre Ichiro, que foi convocado para o exército. Talvez tenha morrido na guerra. Se morreu, morreu honrando o país e o imperador.

Aqui no Brasil, minha família, os filhos e os netos, todos os dias rezavam para que o Japão vencesse a guerra e para que Ichiro voltasse com vida para casa. Nesta guerra entendo que vocês lutaram arriscando a vida pelo país. Nós aqui no Brasil ficávamos sempre preocupados, dia e noite, sem conseguir dormir. Confiávamos na vitória do Japão.

No dia 14 de agosto de 1945, o imperador anunciou, pelo rádio, o pedido para que se terminasse a guerra, porque milhares de pessoas estavam morrendo, sofrendo e passando fome. Sentiu a dor do povo japonês e imediatamente anunciou a decisão de pôr fim à guerra. Assim, o Japão perdeu a guerra.

Na verdade, os americanos agiram contra a lei usando a bomba atômica e só assim dominaram o Japão. O imperador japonês desejava a paz mundial e encerrou a guerra. Meu pensamento é de que o Japão pensava que, lutando como na guerra contra a Rússia, venceria os Estados Unidos.

No momento atual, os Estados Unidos e o Brasil estão em negociação através do Ministro do Exterior.

---

32 A carta original, escrita em japonês por Rinkichi Takiguchi, foi traduzida por Yoneko T. Toma, com revisão e notas de Carlos Iwao Taquiguthi em 12/8/2010.

33 Tome é a mãe de Rinkichi; Ichiro, o filho mais velho de Rinkichi e Shizuyo, que permaneceu no Japão; e Tamayo, a mulher de Ichiro. Quando a carta foi escrita, já não estavam vivos: Tome, morta em 15 de outubro de 1941, aos 74 anos; e Ichiro, morto em 30 de janeiro de 1943, em Guadalcanal, Pacífico Sul, em batalha da Segunda Guerra Mundial. A carta, provavelmente, foi recebida por Tamayo, que, posteriormente, a devolveu para Rinkichi.

Após a guerra, aqui no Brasil, a colônia japonesa pensava em ajudar o Japão, mas essa ajuda se traduzia no desejo de recuperação rápida da vida normal e sem rancor. A colônia japonesa arrecadará dinheiro e comprará alimentos para remessa de navio, desejando que chegue o quanto antes.

Durante a guerra, metade da colônia japonesa não acreditava na derrota do Japão. Havia pessoas que festejavam e hasteavam bandeiras japonesas. Imediatamente vinham policiais e as prendiam. A maioria pensava que o governo japonês estava providenciando o envio de um navio para vir buscar os imigrantes japoneses. Com esse pensamento, muitos agricultores deixaram de plantar e passaram a viver folgados e vagabundeando.

Em sítios e chácaras, no interior de São Paulo, algumas pessoas vendiam por alto preço jornal japonês com notícias distorcidas sobre o Japão, enganando a colônia japonesa. A polícia descobria e as prendia. Quem pensava que o Japão tinha vencido a guerra pretendia voltar para o Japão. Quem pensava que o Japão tinha perdido, era considerado "não patriota". Assim, ocorriam muitas discussões, xingamentos e brigas dentro da colônia japonesa. As lojas dos "não patriotas" eram discriminadas e, em represália, os que acreditavam na vitória não entravam e não compravam. Para mim, isso era apenas falta de cultura e de civilização. Japoneses com ideias pretensiosas e desconhecimento cultural em relação aos Estados Unidos provocaram e perderam a guerra.

Talvez as correspondências estejam sendo censuradas, mas se a família receber esta carta, por favor, envie, imediatamente, uma resposta. Dê notícias de que países estão convocando soldados: China, Singapura, Tailândia, Burma, Java, Bornéu, Hitu Hama.[34]

Na democracia atual do Japão, como estão vivendo agora Kuni[35], Irie[36], Suguihara[37] e tio Takiguchi[38]? Se houver dificuldade de vida no Japão, estou pensando em chamar vocês para o Brasil.

Aqui o Brasil é administrado pelos Estados Unidos. No meu comércio, eu me registrei como brasileiro e não tive problema. Mas alguns japoneses ou estrangeiros foram proibidos de se locomover de

34 Refere-se a países e territórios asiáticos ocupados pelo Japão durante a Segunda Guerra: Burma é a antiga Birmânia, atual Myanmar; Java é a principal ilha da Indonésia; Bornéu tem seu território dividido entre Indonésia, Malásia e Brunei. Hitu Hama é nome desconhecido.

35 Kuni Takahashi é a mãe de Tome e avó materna de Rinkichi.

36 Avós paternos de Shizuyo.

37 Avós maternos de Shizuyo.

38 Yoichi Takiguchi, irmão de Hikotaro (pai de Rinkichi), que com ele veio para o Brasil em 1913 e retornou ao Japão.

uma cidade para outra. Além disso, houve matança[39]. Na polícia de São Paulo, quem tinha registro [de ocorrência policial] era enviado preso para uma ilha[40]. Graças a Deus, comigo não aconteceu nada, por estar já há muito tempo no Brasil. Além disso, conheço o idioma [português], meus filhos são brasileiros e são bem conhecidos pelo pessoal daqui. Eles têm relacionamento com a polícia e com militares[41]. Por isso, eram chamados para ajudar a esclarecer a confusão.

Em 1943, fiquei doente, com reumatismo. As mãos e pernas ficaram paralisadas. Fui para São Paulo fazer tratamento, agora estou bem. O comércio também vai muito bem. Neste momento vivo na cidade, curtindo a vida[42]. Antes de ficar doente pesava 72 kg, agora peso 55 kg. O peso diminuiu 20 kg.

Shoji comprou terra, fez pasto para criação de gado. Agora tem 100 cabeças de vaca. Todos os anos nascem de 60 a 70 bezerros. Assim, vende os bezerrinhos, tocando o pasto e a vida.

O terceiro filho, Tsuyoshi, é funcionário de banco. Recebe salário de 650 mil [cruzeiros]. Estou agora morando junto com Tsuyoshi [em Guararapes], recebendo ajuda do Shoji e Tsuyoshi.

Minha filha Tomoko é casada com o fotógrafo (Taketo Kosaka). Takeshi tem 25 anos de idade e estava aprendendo fotografia, mas teve problema na vista e deixou essa profissão.

Tadashi tem 16 anos e está cursando o terceiro ano [do curso de Contabilidade]. Durante o dia, aprende fotografia com o marido da Tomoko, à noite vai para a escola. Estou pensando em colocá-lo na escola de japonês, o ano que vem.

Ainda não sei se é verdade, Mitunari parece que vai para o Japão. Se for, será uma boa oportunidade para enviar alguma coisa para o Japão.

No começo da guerra, Yoneda-san, aqui da cidade onde moro, ia embora para o Japão. Mandei por ele um envelope para lhes entregar, não sei se receberam. Por favor, mandem resposta.[43]

O casal Shoji-Kiku tem quatro filhos: três homens e uma mulher. O mais velho, Clóvis Kiomitsu, tem 8 anos; o segundo, Renato Riotaro, 6 anos; o terceiro, Carlos Iwao, tem 4 anos e a caçula, Darci Tizuko, tem 1 ano.

39 Referência aos atentados praticados por japoneses nacionalistas contra "não patriotas" atribuídos pela polícia à organização Shindoo Renmei.

40 Ilha Anchieta, no litoral norte de São Paulo, onde, entre 1908 e 1955, funcionou um presídio do estado (Colônia Correcional).

41 Takeshi serviu o exército em 1939, daí a alusão ao provável relacionamento com militares.

42 Rinkichi vivia, então, em Guararapes (SP) e era dono de um bar-armazém.

43 Há suspeita de que essas remessas nunca tenham chegado às mãos dos destinatários.

Tomoko tem três filhos: Neusa Satiko, com 6 anos; Dagoberto Mitsuo, com 4 anos; e Lavínia Miyoko, com 2 anos.

O Brasil é um país atrasado culturalmente, mas para se viver é o melhor lugar. O país é enorme, as pessoas são amáveis. Talvez não exista no mundo lugar melhor do que aqui. Lavradores plantam com dinheiro emprestado do governo, com prazo de seis meses para pagar, o que facilita o trabalho dos agricultores.

Aqui, houve preocupação com a educação das crianças japonesas. No interior do estado, já estão abrindo escolas de japonês.

As colônias japonesas plantam algodão, café, arroz, cana, feijão, batata etc. Além disso, criam porco, galinha, vaca. Há comércio de todos os tipos, fábrica de saquê, fábrica de máquina, madeira, moinho de arroz etc.

Os japoneses emigraram para o Brasil depois dos europeus. Comparando com os imigrantes europeus, os japoneses ainda têm tido menos sucesso, mas futuramente será melhor. O Brasil é um país extenso; alguns estrangeiros compram grandes fazendas e criam gado em larga escala. As mulheres dos fazendeiros vivem bem, quase sem trabalhar. Colocam empregada. É bem diferente do Japão.

O pensamento da colônia japonesa tem sido, em geral, o de ganhar dinheiro rapidamente e voltar ao Japão. Mas às vezes sofrem com a geada e perdem tudo. Com a seca rigorosa, perdem parte da colheita e muitas famílias ficam endividadas.

Os produtos para alimentação no Brasil são arroz, feijão, verduras e legumes (que, no meu caso, produzo na minha horta, principalmente batata, tomate, cebolinha, alface, pepino e mandioca, que não tem no Japão). Há abundância de frutas, carne de porco, frango, carne de vaca, peixe, ovos etc. Além disso, consome-se muito açúcar, principalmente para café e limonada, chá, sucos etc. Na refeição da manhã, tem-se leite com café, queijo, pão, bolo, frutas etc.

Eu tenho vontade de voltar para o Japão, mas, neste momento, a situação aí também é ruim. Por isso, acredito que a minha vida continuará sendo aqui no Brasil.

Eu me lembro de que, na minha juventude, antes da guerra, a ênfase no Japão era em cultura e em educação. Os políticos e militares eram corretos e criavam um ambiente adequado para se viver. Sendo o Japão um país pequeno em extensão, pensando no futuro, como alternativa, é preciso aprender as culturas de outros países.

Rinkichi Takiguchi

Carta 2[44]

De: **Rinkichi Takiguchi**
Para: **Shoji e Takeshi Takiguchi**

Araçatuba, 20 de outubro de 1959

"Minha mãe é a melhor pessoa;
não existe ninguém como minha mãe".[45]

Eu pensei que ia morrer com esta doença. Tomei a decisão de me despedir dos meus filhos, rezando em frente ao butsudan[46]. Mas, graças a Deus e aos meus ancestrais, uma luz se acendeu na minha mente e agradeci aos meus pais e filhos, que me trataram com muito esforço e dedicação.[47]

Gostaria de contar esta antiga história para meus netos: o amor dos pais, apesar de não ser explicitado de forma visível e aparente, não tem limites e tem profunda bondade. Minha mulher cuidou dos serviços da casa, dos filhos e da família. Toda a família deve ter gratidão profunda pelos antepassados.

Eu emigrei para o Brasil como agricultor, mas minha origem não é na agricultura. No início, como imigrante, sofri muito e logo me conscientizei de que naquelas condições não conseguiria voltar para o Japão. Assim, desanimei e perdi a esperança com a lavoura. Três anos depois fui para São Paulo trabalhar, mas, pela dificuldade decorrente do não entendimento da língua portuguesa, voltei para o interior (Linha Araraquarense).

Dois anos depois da emigração do Japão, fiquei doente[48]; 75 dias depois, recuperei a saúde.

Em sítio perto da Estação Ibarra, a mãe Shizuyo tinha 27 anos e deu à luz Takeshi. Após o parto, ela ficou doente, tendo ficado dois anos de cama. Nessa ocasião percebi melhor a necessidade e a importância da esposa. Mais tarde mudei para a linha Noroeste. Aqui também fiquei doente muitas vezes.

---

44 A carta original, escrita em japonês por Rinkichi Takiguchi, foi traduzida por Yoneko T. Toma, com revisão e notas por Carlos Iwao Taquiguthi, em 12/08/2010.

45 Poesia japonesa, citada por Rinkichi.

46 Oratório que os budistas mantêm em suas casas para orações diárias.

47 O culto a Deus (Kamisama, em japonês) e aos antepassados (segundo a tradição xintoísta) reflete a religiosidade de Rinkichi, que seguia a religião budista inicialmente. Mais tarde, aderiu ao Seicho-No-Ie, corrente religiosa-filosófica que combina princípios do budismo, do xintoísmo e do cristianismo.

48 É provável que tenha contraído tifo.

"A ponte vai-se embora, carregada pela correnteza.
A ideia permanece eternamente.
O amor nos protege do medo".

O ser humano tem dois tipos de fisionomia. A maioria das pessoas só vê a aparência externa e, assim, pode julgar um ser como criminoso ou vagabundo. Mas, na realidade, a aparência pode ser enganosa. Dentro de nós existe uma vida de Deus. Assim, acreditar em Deus com pensamento harmonioso nos levará a obter a felicidade.

Eu perdi meu pai muito cedo. Eu era jovem e sofri muito. Via minha vida como uma escuridão enquanto fracassava várias vezes, tropeçando com negócios malsucedidos. Nessas ocasiões pensava no meu finado pai. Minha mãe ainda estava viva. Ela me educou com muito amor e conceito moral. Devido a essa formação, eu me levantava depois de cada queda. Sempre que eu encarava a dificuldade, meus pais enchiam de luz o meu coração. O amor e respeito aos antepassados vive eternamente na minha alma. Todos os dias, em frente ao butsudan[49], eu agradeço e oro de mãos postas, em reverência, no modo de ser budista.

Takeshi não tinha profissão, mas agora trabalha na loja. Estou procurando uma esposa para ele. Ficou decidido fazer uma entrevista pré-matrimonial, para um pré-entendimento.

Para o casamento dar certo é necessário primeiro não ver defeito na outra parte, não entrar em confronto, não ser rabugento. Um tem que ajudar o outro, não comparar o defeito da mulher com o do marido. É sempre necessário alegrar a família para a felicidade do casamento.

No meu aniversário, ao invés de fazer festa, gostaria de viajar para as águas quentes de Ibirá (SP). Não agora, mais tarde, após juntar dinheiro.

Sou alérgico. Durante o dia, devido ao calor e ao suor, tenho coceira. De noite, na cama, esquentando o corpo, a alergia continua e não consigo dormir a noite inteira.

É melhor trocar o furgão por um novo, mesmo que se paguem juros, pode ser mais econômico.[50]

A casa nova é agradável, com banheiro que atende à conveniência. Estou muito feliz. O quintal é pequeno, por isso as plantas e os bonsais são plantados no vaso.[51]

---

49 Oratório que os budistas mantêm em suas casas para orações diárias.
50 O furgão da fábrica de doces de Shoji, que era muito velho, quebrava com frequência e dava muito gasto com manutenção. Em 1959, Shoji comprou uma pick-up Chevrolet, zero quilômetro.
51 Casa nova na Rua Bernardino de Campos, 129, em Araçatuba.

Dia 19 fui até Guararapes buscar a certidão de nascimento do Renato. Mandarei logo.

Recebi notícia de Shoji sobre a fábrica de doces.[52] Disse que vai tudo bem, com a família ajudando, e que está muito satisfeito. No mês passado não recebi a documentação da contabilidade da fábrica. Talvez tenha sido falta de tempo. Tocar o comércio da fábrica exige dedicação e tempo para administrar funcionários e capital, com muitas despesas para conserto de veículo, gasolina, aluguel da casa, cujos preços têm subido muito. É preciso muita atenção com os cálculos.

Minhas bodas de ouro serão no dia 20 de dezembro de 1959. A família tem tudo para comemorar a festa. Estou agradecido, mas não pretendo fazer festa. Além disso, a fábrica de doces em São Paulo teria que fechar para a viagem de todos, com passagem de ida e volta, enfim, com muitas despesas para a família. Tsuyoshi ofereceu fazer a festa na casa dele. A minha intenção é não provocar as despesas que as viagens acarretam. Só gostaria de providenciar uma lembrança comemorativa (salva de prata).

No emprego, é necessário criar automotivação e assim ter sucesso. Se tiver tempo, faça leituras sobre tecnologia e o progresso em geral que está ocorrendo. Isso é muito importante.

Este ano já está chegando ao fim. Vai ter muito movimento no Foto, o que é bom para nós, que temos que faturar.

Tenho vontade de escrever e dar notícias dos netos, mas começou a ficar pesada a cabeça; é melhor parar por aqui.

Lembranças para Tizuko, Mieco, Kiyoko.

Rinkichi Takiguchi

52 Produtos Alimentícios Gurupy Ltda., fábrica de bananada e goiabada, comprada por Shoji em 1959. Ficava na Rua Teodoro Sampaio, 877, em Pinheiros, São Paulo.

Carta 3[53]

De: **Tamayo Takiguchi**[54]
Para: **Rinkichi Takiguchi**

Shinichi, 21 de dezembro de 1940

Pai e Mãe,

Antes de mais nada, peço desculpas por não ter escrito aos senhores por longo período.

A primavera já está próxima e espero que o senhor e todos da família estejam bem. Não se preocupem conosco que nós também estamos muito bem.

Gostaria de agradecer os valiosos presentes que nos enviou. São realmente coisas que faltam aqui, e, junto com a sua mãe, todos nós ficamos muito contentes. Obrigada mais uma vez.

Como nos tinha sido comunicado, Yamamoto-san[55] veio nos visitar às 14h da tarde de 5 de dezembro e nós tivemos um feliz reencontro. Ficamos muito contentes ao ouvir dele sobre a vida tranquila do pai e da mãe no Brasil e sentimos como se estivéssemos juntos, conversando com vocês aí.

Quando Yamamoto-san voltar para aí, por favor, ouçam dele como nós estamos aqui, pois contamos muitas coisas para ele. Ele é uma pessoa muito simples e ficamos muito à vontade para recebê-lo. Ele ficou uma noite conosco e foi embora por volta das 5h do dia 6. Insistimos para ficar mais, mas ele respondeu que tinha outro lugar para visitar.

Na noite do dia 7, ele retornou para Shimane-ken, e, logo depois, enviou-nos café, açúcar e uvas secas. Eu escrevi para ele nos visitar mais uma vez antes de retornar ao Brasil. Como o encontro e a despedida passaram rapidamente, eu fiquei um pouco sentida. Também não pude conter as lágrimas, imaginando o senhor refletido na pessoa de Yamamoto-san e conversando com o meu marido e a sua mãe.

53 Traduzida por Hajme Kato, com revisão e nota de Carlos Iwao Taquiguthi. A data foi deduzida em reconstituição feita por Emília Kimie Kosaka e sua mãe Tomoko Kosaka.
54 Mulher de Ichiro Takiguchi (filho mais velho de Rinkichi e Shizuyo).
55 Teyetsu Yamamoto era cunhado de Taketo Kosaka, o marido de Tomoko Takiguti. Em dezembro de 1940, ele viajou do Brasil para o Japão, levando presentes e notícias para os familiares dos Takiguchi que lá residiam.

Pai e mãe, como disse para Yamamoto-san, por favor, procurem voltar aqui um dia para encontrar a sua mãe e o meu marido. Peço de todo o meu coração. Quando Yamamoto-san voltar ao Brasil, poderiam conversar com ele muita coisa.

Gostei muito dos seus presentes e eu pensei em enviar algum presente para o senhor. Mas como foi muito difícil a escolha, confiei 100 yens para Yamamoto-san entregar ao senhor. Por favor, compre qualquer coisa do seu agrado. Também dei 20 yens para Yamamoto-san, na falta de ideia de presente para ele. Não leve a mal, mas foi mais para satisfazer meu sentimento.

Gostaria de falar muita coisa ainda, mas vou escrever mais tarde.

Sua mãe também ficou muito satisfeita. Ela disse que gostaria muito de vê-los, mesmo que seja por um instante, e chorou um pouquinho. Mas logo voltou a sorrir ao ouvir o Yamamoto-san. Meu marido também ficou muito contente conversando com Yamamoto-san e disse que um dia iria vê-los, juntando dinheiro para a viagem. Ele e sua mãe ficaram muito agradecidos a Yamamoto-san.

Acho que vou ficar por aqui desta vez.

Lembranças e abraços a todos.

Este ano só tem mais dez dias e logo será o Ano Novo.
Desejo-lhes um bom Ano Novo.

Tamayo

Bibliografia

BUNKYO. Museu Histórico da Imigração Japonesa no Brasil. São Paulo, 2018. Disponível em: <www.museubunkyo.org.br>. Acesso em: 24 ago. 2018.

DAIGO, Masao. Pequena História da Imigração Japonesa no Brasil. São Paulo: Editora Gráfica Paulos, 2008.

DEZEM, Rogério. Casamentos Interétnicos. Jornal NippoBrasil, São Paulo, Coluna Diário da Imigração, p. 7a, 19 dez. 2007.

FUKUYAMA CHAMBER OF COMMERCE AND INDUSTRY. Disponível em: <www.fukuyama.or.jp>. Acesso em: 21 abr. 2010.

HANDA, Tomoo. O imigrante Japonês: História de Sua Vida no Brasil. São Paulo: T. A. Queiroz Editor, 1987.

IMIGRAÇÃO JAPONESA. Museus, História e Depoimentos. Disponível em: <www.imigracaojaponesa.com.br>. Acesso em: 23 ago. 2018.

KUNIYOSHI, Celina. Imagens do Japão, Uma Utopia de Viajantes. São Paulo: Estação Liberdade/Fapesp, 1998.

MIYAO, Susumu; YAMASHIRO, José. Período em branco na corrente imigratória e os distúrbios na comunidade japonesa. In: Uma Epopeia Moderna: 80 anos de Imigração Japonesa no Brasil. São Paulo: Hucitec, Sociedade Brasileira de Cultura Japonesa, 1992.

MONSMA, Karl. Negros, imigrantes e brasileiros brancos no Oeste paulista, início do Século XX: indícios de um censo municipal e outras fontes nominais. In: ENCONTRO NACIONAL DE ESTUDOS POPULACIONAIS, 16, 2008, Caxambu. Anais... Caxambu: ABEP, 2008. Disponível em: <http://www.abep.org.br/~abeporgb/publicacoes/index.php/anais/article/viewFile/1785/1744>. Acesso em: 27 ago. 2018.

______. Vantagens de imigrantes e desvantagens de negros: emprego, propriedade, estrutura familiar e alfabetização depois da abolição no Oeste paulista. Dados, Rio de Janeiro, v. 53, n. 3, p. 509-543, 2010. Disponível em: <http://www.scielo.br/scielo.php?pid=S0011-52582010000300001&script=sci_arttext>. Acesso em: 27 ago. 2018.

MORAIS, Fernando. Corações Sujos: A História da Shindoo Renmei. São Paulo: Companhia das Letras, 2000.

NIKKEIPEDIA. A Enciclopédia da Comunidade Nikkey. Disponível em: <www.nikkwipedia.org.br>. Acesso em: 23 ago. 2018.

NOGUEIRA, Arlinda Rocha. A abertura da emigração no Japão. In: Uma Epopeia Moderna: 80 anos de Imigração Japonesa no Brasil. São Paulo: Hucitec, Sociedade Brasileira de Cultura Japonesa, 1992.

OKUBARO, Jorge. O Súdito (Banzai, Massateru!). São Paulo: Terceiro Nome, 2006.

PORTAL NIPPO BRASIL. Disponível em: <www.zashi.com.br>. Acesso em: 22 ago. 2010.

REZENDE, Tereza Hatue de. Ryo Mizuno – Precursor da Imigração Japonesa no Brasil. São Paulo: Jornal Nippak, 2008.

SAKAI, Suzana; FUJINO, Yoko. As noivas que atravessaram o Atlântico. Jornal NippoBrasil, São Paulo, Especial n. 516. Disponível em: <http://www.nippo.com.br/especial/516.shtml>. Acesso em: 24 ago. 2018.

SAKURAI, Célia. Os Japoneses. São Paulo: Editora Contexto, 2008.

SAKURAI, Célia; COELHO, Magda Prates (Org.). Resistência e Integração: 100 Anos de Imigração Japonesa no Brasil. Rio de Janeiro: IBGE, Centro de Documentação e Disseminação de Informações, 2008.

SÃO PAULO (estado). Portal do Governo. A Linha do Tempo da Imigração Japonesa. Disponível em: <www.saopaulo.sp.gov.br/imigracaojaponesa/historia.php>. Acesso em: 27 ago. 2018.

TOYAMA, Osamu. Cem Anos de Águas Corridas da Comunidade Japonesa. São Paulo: AGWM Editora, 2009.

WATANABE, Shigueo. Primeiros Imigrantes Japoneses: Algumas Histórias. São Paulo: Digitexto, 2011.

YAMASHIRO, José. Pequena História do Japão. São Paulo: Editora Herder, 1964.

______. Trajetória de Duas Vidas: Uma História de Imigração e Integração. São Paulo: Aliança Cultural Brasil-Japão. Centro de Estudos Nipo-Brasileiro, 2001.

YAMASHIRO, José; KIYOTANI, Masuji. Do Kasato-Maru até a década de 1920. In: Uma Epopeia Moderna: 80 anos de Imigração Japonesa no Brasil. São Paulo: Hucitec, Sociedade Brasileira de Cultura Japonesa, 1992.

YAMI no Ichinichi – O Crime que Abalou a Colônia Japonesa no Brasil. Direção: Mario Jun Okhuhara. [S.l.]: IMJ Produções, 2012. Disponível em: <https://www.youtube.com/watch?v=QDf_egB3MG4&feature=youtu.be>. Acesso em: 27 ago. 2018.

YOSHIOKA, Reimei. Porque Migramos Do e Para o Japão. São Paulo: Massao Ohno Editor, 1995.

Entrevistas:

Clóvis Takiguti , em 10/4/2010, em São Paulo.

Dirce Kitico Sumida Takiguti, em 29/5/2010, em São Pedro (SP).

Gloria Ishii Iwai, em 27/11/2011, em Andradina (SP).

Tadashi Takiguti, em 24/5/2011, em Americana (SP).

Tomoko Kosaka, em 16/5/2011, em São Paulo.

Documentos:

Ciosi Takiguti. Depoimento Sobre a Família Takiguti. São Paulo, 1996.

Clóvis Takiguti. Efemérides Memoráveis da Família Takiguchi. São Paulo, 2001.

Rinkichi Takiguchi. Diários. Tradução de Yoneko Toma e Hajime Kato. Revisão e anotações, Carlos Iwao Taquiguthi. São Paulo, 1957-1962.

Rinkichi Takiguchi. Cartas. Tradução de Yoneko Toma e Hajime Kato. Revisão e anotações, Carlos Iwao Taquiguthi. São Paulo, 1945 e 1959.

Rinkichi Takiguchi. Carta para Shoji e Takeshi. São Paulo, 1959.

Rinkichi Takiguchi. Carta a Tome, Ichiro e Tamayo. São Paulo, 1945.

Tamayo Takiguchi. Carta. Tradução de Yoneko Toma, Hajime Kato e Carlos Iwao Taquiguthi, São Paulo, 1940.

Mário Dantas Silva. Carta para o Secretário da Agricultura de São Paulo, Carlos Botelho. 30 de abril de 1908.

Agradecimentos

Carlos Iwao Taquiguthi, neto de nosso herói Rinkichi Takiguchi, é o pai da ideia de se fazer esse livro. Carlos também foi uma grande fonte de informação, direta e indireta. Não só contou ótimas histórias, como forneceu uma extensa bibliografia e acompanhou-me nas entrevistas aos protagonistas vivos dos fatos que aqui são narrados. Por tudo isso, sou-lhe imensamente grato. Foi ele também que cuidou da tradução do precioso material em japonês deixado por Rinkichi. Mais importante: convenceu e orientou Yoneko Toma e Hajime Kato, dois imigrantes indiretamente ligados por laços civis à família Takiguchi, na tarefa de dar vida aos escritos de Rinkichi. Yoneko, que vive no Brasil, e Hajime, que voltou ao Japão, fizeram um trabalho monumental e devo-lhes um agradecimento especial por isso. Agradeço também a Tadashi, o último sobrevivente da primeira geração de Takiguchis nascidos no Brasil, e sua mulher Marina Mendes Takiguchi, que, com santa paciência, me contaram muitas histórias em uma longa entrevista. Clóvis Kiomitsu – *in memoriam* – também contou ótimas histórias e escreveu as Efemérides da Família Takiguthi, que serviram como fio condutor dessa narrativa. Obrigado, Clóvis. Faço também um agradecimento especial – in memoriam – a Tomoko Kosaka, Dirce Kitico Sumida Takiguthi e Gloria Iwai, que concederam ricos depoimentos sobre a convivência que tiveram com Rinkichi. Emília Kimie Kosaka e Wilson Kazuaki Takiguthi escreveram testemunhos que tomei a liberdade de incorporar à narrativa. Obrigado. Minha família ajudou de coração: Alice respondeu pacientemente todas as perguntas que eu tive ao longo dessa travessia e conduziu a pesquisa para montar o quadro atual dos Takiguchi. Maíra e Daniel leram os originais, fizeram correções e deram importantes contribuições. Daniel também colaborou na pesquisa do rico acervo fotográfico da família e no estudo da história do Japão. Luciana Huber cuidou da parte técnica e artística do trabalho. Márcio Chaer contribuiu com sugestões. Rodrigo Haidar me incentivou a publicar esse livro e concedeu-me o privilégio de inaugurar a **Amanuense** – que tenham ambos vida longa. Toda família Takiguchi, enfim, participou, de alguma maneira, dessa empreitada que se presta, antes de tudo, a uma justa homenagem ao patriarca que a precedeu no tempo e a moldou no caráter.

A todos, muito obrigado.

Mauricio Cardoso

Este livro foi impresso pela Gráfica Viena
sobre papel Polen Soft para a
Amanuense Livros em fevereiro de 2020